Entwurf und Implementierung vo

XNOR-Modulen

Pardhu Thottempudi

Entwurf und Implementierung von 4X2-Kompressoren mit neuen XNOR-Modulen

Entwurf von Kompressoren mit extrem niedriger Leistung

ScienciaScripts

Imprint

Any brand names and product names mentioned in this book are subject to trademark, brand or patent protection and are trademarks or registered trademarks of their respective holders. The use of brand names, product names, common names, trade names, product descriptions etc. even without a particular marking in this work is in no way to be construed to mean that such names may be regarded as unrestricted in respect of trademark and brand protection legislation and could thus be used by anyone.

Cover image: www.ingimage.com

This book is a translation from the original published under ISBN 978-3-659-85160-5.

Publisher:
Sciencia Scripts
is a trademark of
Dodo Books Indian Ocean Ltd. and OmniScriptum S.R.L publishing group

120 High Road, East Finchley, London, N2 9ED, United Kingdom
Str. Armeneasca 28/1, office 1, Chisinau MD-2012, Republic of Moldova, Europe

ISBN: 978-620-8-34711-6

Copyright © Pardhu Thottempudi
Copyright © 2024 Dodo Books Indian Ocean Ltd. and OmniScriptum S.R.L publishing group

INHALT

AUTORENPROFIL 2
KAPITEL 1 EINFÜHRUNG 3
KAPITEL 2 LITERATURÜBERSICHT 6
KAPITEL 3 DURCHFÜHRUNG 21
KAPITEL 4 SOFTWARE 34
KAPITEL 5 ERGEBNISSE 49
SCHLUSSFOLGERUNG 60
ZUKUNFTSBEREICH 61
REFERENZEN 62

AUTORENPROFIL

PardhuThottempudibist seit 2015 Mitglied (M) des IEEE. Pardhu wurde im Dorf Luxettipet im Bezirk Adilabad im Bundesstaat Telangana, Indien, geboren. Er schloss seinen Bachelor-Abschluss B.tech in der Fachrichtung Elektronik und Kommunikationstechnik im Jahr 2011 am MLR Institute of Technology, Hyderabad, Indien, ab. Seinen Master-Abschluss M.Tech in Embedded Systems machte er 2013 an der Vignan's University, Vadlamudi. Er promoviert derzeit an der VIT University, Vellore, Tamil Nadu. Zu seinen Hauptinteressen gehören digitale Signalverarbeitung, RADAR-Kommunikation, eingebettete Systeme, Implementierung von Signalverarbeitung in FPGA-Anwendungen.

Er arbeitet seit 2015 als Assistenzprofessor der Abteilung für Elektronik und Kommunikationstechnik am St. Peters Engineering College, Hyderabad, Indien. Zuvor arbeitete er als Assistenzprofessor in der Brilliant Group of Technical Institutions, Hyderabad, MarriLaxman Reddy Institute of Technology & Management, Indien. Er arbeitete auch als Projektpraktikant im Forschungszentrum Imarat, Hyderabad. Er veröffentlichte 15 Forschungsarbeiten über VLSI, Bildverarbeitung, Antennen, Signalverarbeitung und RADAR-Kommunikation in renommierten internationalen Zeitschriften und auf verschiedenen IEEE-Konferenzen.

PardhuThottempudi ist lebenslanges Mitglied des ISTE und seit 2015 assoziiertes Mitglied des IETE. Er meldete ein Patent zum Thema "Design eines Kompressors mit Volladdierer-Schaltung" an. Er ist Mitglied der IEEE Signal Processing Society und der IEEE Industrial Electronics Society.

Meinen Eltern, meinem Bruder, meiner Frau, meiner Fakultät und meinen Freunden gewidmet

KAPITEL 1 EINLEITUNG

1.1 Einführung

In den meisten VLSI-Schaltungen spielen Addierer eine entscheidende Rolle, da sie das Basiselement aller arithmetischen Funktionen bilden. Die steigende Nachfrage nach tragbaren Geräten erfordert flächen- und leistungseffiziente VLSI-Schaltungen. In diesem Projekt wird ein 4:2-Kompressor mit verschiedenen Volladdierer-Designs vorgestellt. Das Ziel dieses Projekts ist es, den Stromverbrauch von 4:2-Kompressoren zu reduzieren, ohne die Geschwindigkeit und Leistung zu beeinträchtigen. Der Volladdierer ist eine grundlegende Einheit in verschiedenen Schaltungen, insbesondere bei der Durchführung von arithmetischen Operationen wie Kompressoren, Komparatoren, Paritätsprüfern, Multiplizierern usw. Er ist der Kern vieler nützlicher Operationen wie Subtraktion, Multiplikation, Division und Potenzierung, Adressberechnung und kann die erreichbaren Gesamtleistungen des Systems erheblich beeinflussen[1].

Kompressoren in ihren verschiedenen Varianten sind logische Schaltungen, die in der Lage sind, im Gegensatz zu einem Volladdierer mehr als 3 Bits gleichzeitig zu addieren und dies mit einer geringeren Anzahl von Gattern und einer höheren Geschwindigkeit im Vergleich zu einer äquivalenten Volladdiererschaltung durchzuführen. Ein Kompressor-Addierer ist eine logische Schaltung, die dazu dient, die Rechengeschwindigkeit bei der Addition von 4 oder mehr Bits gleichzeitig zu verbessern. Kompressoren können die Kombination aus mehreren Halbaddierern und Volladdierern effizient ersetzen und ermöglichen so eine hohe Rechengeschwindigkeit des Prozessors, der sie einsetzt. Der entworfene Kompressor wurde mit Hilfe der TANNER EDA verifiziert. Die Layouts wurden mit BACKEND Tools entworfen.

1.2 Ziel des Projekts

Das Hauptziel unseres Projekts ist der **"Entwurf und die Implementierung eines 4:2-Kompressorentwurfs mit neuen XOR/XNOR-Modulen unter Verwendung von Backend-Tools"**. Es wird eine stromsparende Hochgeschwindigkeits-4:2-Kompressorschaltung für schnelle digitale arithmetische integrierte Schaltungen vorgeschlagen. Diese Schaltung wird häufig für die Realisierung von Multiplikatoren eingesetzt. Auf der Grundlage eines neuen Exklusiv-ODER- (XOR) und Exklusiv-NOR- (XNOR) Moduls wurde eine 4:2-Kompressorschaltung entworfen. Die vorgeschlagene Schaltung zeigt eine Veränderung des Stromverbrauchs. Diese 4:2-Kompressorschaltung wurde mit früheren Schaltungen verglichen, und es hat sich gezeigt, dass die vorgeschlagene Schaltung den geringsten Stromverbrauch und die geringste Verzögerung aufweist. Mit dem vorgeschlagenen System werden die Nachteile des bestehenden Systems wie Fläche, Verzögerung, Verlustleistung, Designleistung und Komplexität der Schaltung überwunden.

1.3 Problemstellung

Die Schaltung funktioniert auch bei niedrigen Versorgungsspannungen, was jedoch auf Kosten der Fläche und der Anzahl der Transistoren geht. Ein weiterer Nachteil der Schaltung besteht darin, dass jeder der Eingänge vier Gates statt zwei Gates ansteuert, wodurch sich die Eingangslast verdoppelt. Dies führt zu einer langsamen Reaktion, wenn diese Schaltung kaskadiert wird. In früheren Projekten wurde der Kompressor mit statischen Cmos- und Cmos-Logik-Designs entworfen, die Pass-Transistor-Designs, Dual-Pass-Transistor-Designs und komplementäre Designs sowie Standard-Mux-Designs mit einer größeren Anzahl von Transistoren umfassen. Das Design des Kompressors ist auch wenig komplex und schwer zu entwerfen. Im bestehenden System könnte der Stromverbrauch bei geringer Leistung hoch sein. Um diese Probleme im bestehenden System zu überwinden, haben wir das vorgeschlagene Design entwickelt. Dadurch werden alle diese Aspekte verbessert.

1.4 Anwendungsbereiche

Für die Herstellung von Mikrochips auf verschiedenen Ebenen von Schaltkreisen verwenden wir Kompressor-Designs, um die Größe von Chips zu reduzieren, damit sie leicht zu implantieren und zu transportieren sind. Für die Energieverwaltung verschiedener Schaltungen auf verschiedenen Ebenen komplexer Schaltungen verwenden wir diese Kompressorentwürfe. Um alle logischen und arithmetischen Operationen in Schaltkreisen wie Addierer, Subtrahierer und Multiplizierer usw. durchzuführen, verwenden wir Kompressor-Designs mit neuen XOR/XNOR-Modulen.[2]

1.5 Verwendete Werkzeuge

Tanner Software:

Die heutigen Halbleiter und elektronischen Systeme sind so komplex, dass ihre Entwicklung ohne EDA (Electronic Design Automation) unmöglich wäre.

Tanner EDA-Entwurfswerkzeuge:

- S-edit - ein Werkzeug zur Schaltplanerfassung
- T-SPICE - das in S-edit integrierte SPICE-Simulationsprogramm
- W-edit - Formatierung der Wellenform

Backend-Tools: Layouts werden für das vorgeschlagene Design entworfen und angezeigt.

Dsch: Das Programm DSCH ist ein Logik-Editor und Simulator. DSCH wird verwendet, um die Architektur der Logikschaltung zu validieren, bevor mit dem Mikroelektronikentwurf begonnen wird. DSCH bietet eine benutzerfreundliche Umgebung für den hierarchischen Logikentwurf und eine schnelle Simulation mit Verzögerungsanalyse, die den Entwurf und die Validierung komplexer Logikstrukturen ermöglicht.

Microwind: Microwind3 ist ein benutzerfreundliches PC-Windows-Tool für den Entwurf und die Simulation von mikroelektronischen Schaltungen auf Layout-Ebene. Das Tool bietet umfassende Bearbeitungsmöglichkeiten, attraktive Ansichten wie MOS-Kennlinien, 2D-Querschnitte, 3D-Ansichten, atomare Ansichten und einen effizienten Analogsimulator.

1.6 Organisation des Buches

Dieses Buch ist wie folgt gegliedert.

Chapter 1 beschreibt die Einführung in das Projekt, das Ziel des Projekts, die Leistung, den Stromverbrauch, die Komplexität der Schaltung und die Fläche der Schaltung. Die Problemanalyse befasst sich mit den bestehenden Designfehlern. Der Anwendungsbereich beschreibt die Möglichkeiten zur Nutzung dieser neuen Methode.

Chapter 2 beschreibt die Literaturübersicht und diskutiert. Es wird auf die CMOS-Logik-Designs eingegangen und die Informationen zu den verschiedenen Logik-Designs werden beschrieben. Verschiedene Implementierungen von Schaltungsentwürfen und deren Operationen mit Wahrheitstabellen werden diskutiert.

Chapter 3 beschreibt die Implementierung des vorgeschlagenen Designs, das Blockdiagramm, das auf dem 4:2-Kompressor mit neuen XOR/XNOR-Modulen basiert, das Hauptziel des Designs und auch die Entwicklung des vorgeschlagenen Designs werden kurz diskutiert.

Chapter 4 beschreibt die verwendeten Software-Tools. Tanner-Tool, Backend-Tools wie Micro Wind und auch DSCH kurz zur Durchführung der erforderlichen Operation.

Chapter 5 beschreibt das Ergebnis des Projekts. Layout-Diagramm für jede Schaltung diskutiert und Verlustleistung Ergebnisse zu.

KAPITEL 2 LITERATURÜBERSICHT

2.1 Übersicht

Außerdem machen die asymmetrischen Eingangslogikpegel PMOS-Schaltungen anfällig für Rauschen. Obwohl die PMOS-Logik anfangs einfacher herzustellen war, wurde sie später durch die NMOS-Logik verdrängt, da NMOS schneller ist als PMOS. Moderne Designs verwenden CMOS, bei denen sowohl PMOS- als auch NMOS-Transistoren zum Einsatz kommen. Die statische CMOS-Logik nutzt die Vorteile beider, indem sie NMOS und PMOS zusammen auf dem Wafer verwendet. Das größte Problem besteht darin, dass durch ein PMOS-Logikgatter ein Gleichstrom fließt, wenn der PUN aktiv ist, d. h. immer dann, wenn der Ausgang high ist. Dies führt zu statischer Verlustleistung, selbst wenn der Schaltkreis im Leerlauf ist.

Außerdem sind NMOS-Schaltungen aufgrund der asymmetrischen Eingangslogikpegel wie DTL, TTL und ECL usw. etwas anfällig für Rauschen. Diese Nachteile sind der Grund dafür, dass die CMOS-Logik die meisten dieser Typen in den meisten Hochgeschwindigkeits-Digitalschaltungen wie z. B. Mikroprozessoren verdrängt hat (obwohl CMOS ursprünglich sehr langsam war) und dass NMOS-Schaltungen nur langsam von einem niedrigen zu einem hohen Pegel übergehen[3].

2.2 CMOS-Logik-Designstile

Komplementäre Metall-Oxid-Halbleiter sind eine weit verbreitete Halbleitertechnologie, die in Transistoren eingesetzt wird. Er verwendet sowohl NMOS- (negative Polarität) als auch PMOS-Schaltungen (positive Polarität), wobei jedoch immer nur einer der beiden Schaltkreistypen eingeschaltet ist, wodurch er weniger Strom benötigt als Chips, die nur einen Transistortyp verwenden. Da er sehr wenig Strom benötigt, ist er ideal für den Einsatz in Personal Computern, Mikroprozessoren, Mikrocontrollern und anderen digitalen Logikschaltungen. CMOS wird manchmal auch als komplementär-symmetrischer Metalloxid-Halbleiter (COS-MOS) bezeichnet. Der Begriff "komplementär-symmetrisch" bezieht sich auf die Tatsache, dass CMOS komplementäre und symmetrische Paare von p- und n-Metalloxid-Halbleitern verwendet.

2.3 Auswirkungen des Logikstils

Der in Logikgattern verwendete Logikstil beeinflusst im Wesentlichen die Geschwindigkeit, Größe, Verlustleistung und den Verdrahtungsaufwand einer Schaltung. Die Schaltungsverzögerung wird durch die Anzahl der Invertierungsebenen, die Anzahl der in Reihe geschalteten Transistoren, die Transistorgrößen (d.h. die Kanalbreiten) und die Verdrahtungskapazitäten innerhalb und zwischen den Zellen bestimmt. Die Größe der Schaltung hängt von der Anzahl der Transistoren und deren Größe sowie von der Komplexität der Verdrahtung ab. Die Verlustleistung wird durch die Schaltaktivität und die Knotenkapazitäten (bestehend aus Gate-, Diffusions- und Drahtkapazitäten) bestimmt, wobei letztere wiederum von denselben Parametern abhängen, die auch die Schaltungsgröße steuern. Der Verdrahtungsaufwand schließlich wird durch die Anzahl der Verbindungen und deren Länge bestimmt sowie dadurch, ob eine Single-Rail- oder Dual-Rail-Logik verwendet wird. All diese Merkmale können von einem Logikstil zum anderen erheblich variieren, so dass die richtige Wahl des Logikstils für die Leistung der Schaltung entscheidend ist. Was die zellenbasierten Entwurfstechniken (z. B. Standardzellen) und die Logiksynthese betrifft, so sind die Benutzerfreundlichkeit und die Allgemeinheit der Logikgatter ebenfalls von Bedeutung. Die Robustheit1 gegenüber Spannungs- und Transistorskalierung sowie unterschiedlichen Prozess- und

Arbeitsbedingungen und die Kompatibilität mit umgebenden Schaltungen sind wichtige Aspekte, die durch den implementierten Logikstil beeinflusst werden.

2.4 Anforderungen an den Logikstil für geringen Stromverbrauch

$$P_{dyn} = V_{dd}^2 \cdot f_{clk} \cdot \sum_n a_n \cdot c_n + V_{dd} \cdot \sum_n i_{sc_n}$$

Nach der Formel hängt die dynamische Verlustleistung einer digitalen CMOS-Schaltung von der Versorgungsspannung, der Taktfrequenz, den Knotenschaltaktivitäten, den Knotenkapazitäten, den Knotenkurzschlussströmen und der Anzahl der Knoten ab. Eine Reduzierung jedes dieser Parameter führt zu einer Verringerung der Verlustleistung. Eine Verringerung der Taktfrequenz ist jedoch nur auf der Architekturebene möglich, während die Frequenz auf der Schaltungsebene in der Regel als konstant angesehen wird, um eine bestimmte Durchsatzanforderung zu erfüllen. Alle anderen Parameter werden bis zu einem gewissen Grad durch den verwendeten Logikstil beeinflusst. Daher können an dieser Stelle einige allgemeine Anforderungen an den Logikstil für die Implementierung von Schaltungen mit geringem Stromverbrauch genannt werden.

2.5 Anforderungen an den Logikstil für die Benutzerfreundlichkeit

Für eine einfache Anwendung und die Allgemeingültigkeit von Gattern sollte ein Logikstil sehr robust sein und freundliche elektrische Eigenschaften aufweisen, d. **h.** Entkopplung von Gattereingängen und -ausgängen (d. h. mindestens eine Inverterstufe pro Gatter) sowie gute Ansteuerungsmöglichkeiten und volle Signalausschläge an den Gatterausgängen, so dass Logikgatter beliebig kaskadiert werden können und in jeder Schaltungskonfiguration zuverlässig funktionieren. Diese Eigenschaften sind Voraussetzungen für den zellbasierten Entwurf und die Logiksynthese, und sie ermöglichen auch eine effiziente Gattermodellierung und Simulation auf Gatterebene. Darüber hinaus sollte ein Logikstil die effiziente Implementierung beliebiger Logikfunktionen ermöglichen und eine gewisse Regelmäßigkeit in Bezug auf die Realisierung von Schaltungen und Layouts bieten. Es sollten sowohl Low-Power- als auch High-Speed-Versionen von Logikzellen (z. B. durch Transistordimensionierung) unterstützt werden, um eine flexible Abstimmung von Leistung und Verzögerung durch den Designer oder das Synthesetool zu ermöglichen.

2.6 Statische versus dynamische Logikstile

Ein wichtiger Unterschied, auch im Hinblick auf die Verlustleistung, ist zwischen statischen und dynamischen Logikformen zu machen. Im Gegensatz zu statischen Gattern sind dynamische Gatter getaktet und arbeiten in zwei Phasen, einer Vorlade- und einer Auswertungsphase. Die Logikfunktion wird in einem einzigen NMOS-Pull-Down- oder PMOS-Pull-Up-Netzwerk realisiert, was zu kleinen Eingangskapazitäten und schnellen Auswertezeiten führt. Dies macht die dynamische Logik für Hochgeschwindigkeitsanwendungen attraktiv. Allerdings führen die großen Taktlasten und die hohen Signalübergangsaktivitäten aufgrund des Vorladungsmechanismus zu einer übermäßig hohen Verlustleistung. Außerdem ist die Verwendung dynamischer Gatter nicht so einfach und universell wie bei statischen Gattern, und die Robustheit wird erheblich beeinträchtigt. Mit Ausnahme einiger sehr spezieller Schaltungsanwendungen ist die dynamische Logik kein brauchbarer Kandidat für die Entwicklung von Schaltungen mit geringem Stromverbrauch.

2.7 Komplementärer CMOS-Logikstil

Logikgatter in konventionellem oder komplementärem CMOS (im Folgenden auch einfach als CMOS bezeichnet) bestehen aus einem NMOS-Pull-Down- und einem dualen PMOS-Pull-Up-Logiknetzwerk. Darüber hinaus werden Pass-Gates oder Transmissions-Gates (d.h. die Kombination aus einem NMOS- und einem PMOS-Pass-Transistor) häufig zur effizienten Implementierung von Multiplexern, XOR-Gates und Flipflops verwendet (CMOS mit Pass-Gates wird im Folgenden als CMOS+ bezeichnet). Jede logische Funktion kann durch NMOS-Pull-down- und PMOS-Pull-up-Netzwerke realisiert werden, die zwischen den Gatterausgang und die Stromversorgungsleitungen geschaltet werden. Einfache monotone Gatter, wie NAND/NOR und AOI/OAI, lassen sich sehr effizient mit nur wenigen Transistoren (A,P), einer Signalinvertierungsstufe (T) und einigen Schaltungsknoten (P) realisieren. Nichtmonotone Gatter wie XOR und Multiplexer erfordern komplexere Schaltungsrealisierungen, sind aber dennoch recht effizient. Weitere Vorteile der CMOS-Logik sind ihre Robustheit gegenüber Spannungsskalierung und Transistorgröße (hohe Rauschspannen) und somit der zuverlässige Betrieb bei niedrigen Spannungen und beliebigen (sogar minimalen) Transistorgrößen (verhältnislose Logik). Eingangssignale werden nur an Transistorgatter angeschlossen, was die Verwendung und Charakterisierung von Logikzellen erleichtert. Das Layout von CMOS-Gattern ist aufgrund der komplementären Transistorpaare einfach und effizient.

2.8 Durchlass-Transistor-Logikstile

Der Vorteil ist, dass ein Durchgangstransistornetzwerk ausreicht, um die logische Operation durchzuführen, was zu einer geringeren Anzahl von Transistoren und kleineren Eingangslasten führt, insbesondere wenn NMOS-Netzwerke verwendet werden. Der Schwellenspannungsabfall durch die NMOS-Transistoren beim Durchgang der logischen "1" macht jedoch eine Schwingungswiederherstellung an den Gatterausgängen erforderlich, um statische Ströme an den nachfolgenden Ausgangsinvertern oder Logikgattern zu vermeiden. Eine Anpassung der Schwellenspannungen als Lösung auf der Ebene der Prozesstechnologie ist in der Regel aus anderen Gründen nicht möglich. Um die Gattereingänge und -ausgänge zu entkoppeln und akzeptable Ausgangstreiberfähigkeiten zu gewährleisten, werden den Gatterausgängen in der Regel Inverter vorgeschaltet. Da diese Pass-Transistor-Multiplexer-Strukturen komplementäre Steuersignale erfordern, wird in der Regel eine Dual-Rail-Logik verwendet, um alle Signale in komplementärer Form bereitzustellen. Dies hat zur Folge, dass zusätzlich zu den Schaltungen zur Wiederherstellung der Ausschläge und zur Ausgangspufferung erneut zwei MOS-Netzwerke erforderlich sind, was den Vorteil der geringen Transistoranzahl und der kleinen Eingangslasten der Durchgangstransistorlogik insgesamt zunichte macht. Außerdem erhöht die erforderliche doppelte Verdrahtung zwischen den Zellen den Verdrahtungsaufwand und die Kapazität um ein beträchtliches Maß. Das Layout von Pass-Transistor-Zellen ist aufgrund der eher unregelmäßigen Transistoranordnungen und des hohen Verdrahtungsaufwands nicht so einfach und effizient. Schließlich ist die Pass-Transistor-Logik mit Schaltkreisen zur Wiederherstellung der Schwingungen im Hinblick auf die Robustheit der Schaltung empfindlich gegenüber der Spannungsskalierung und der Transistorgröße; ein effizienter oder zuverlässiger Betrieb der Logikgatter ist bei niedrigen Spannungen oder kleinen Transistorgrößen nicht unbedingt gewährleistet. Mit anderen Worten, die Dimensionierung der Transistoren ist entscheidend für den korrekten Betrieb der Gatter und daher schwieriger. Die Kurzschlussströme sind aufgrund konkurrierender Signale in den Schaltkreisen zur Wiederherstellung der Schwingung recht groß. In letzter Zeit wurden viele verschiedene Arten von Durchgangstransistorlogik vorgeschlagen. Die wichtigsten davon werden hier kurz zusammengefasst.

1. **Komplementäre Durchgangs-Transistor-Logik (CPL):** Ein CPL-Gatter besteht aus zwei NMOS-Logiknetzwerken (eines für jede Signalschiene), zwei kleinen Pull-up-PMOS-Transistoren zur Wiederherstellung der Ausschläge und zwei Ausgangsinvertern für die komplementären Ausgangssignale. Abb. 1(e) zeigt einen Multiplexer mit zwei Eingängen, der die grundlegende und minimale CPL-Gatterstruktur (zehn Transistoren) darstellt. Alle Funktionen mit zwei Eingängen (z. B. UND, ODER, XOR) können mit dieser grundlegenden Gatterstruktur realisiert werden, die für einfache monotone Gatter wie NAND und NOR relativ teuer ist. Die Vorteile des CPL-Stils sind die geringen Eingangslasten, die effizienten XOR- und Multiplexer-Gatterimplementierungen, die gute Ausgangstreiberfähigkeit aufgrund der Ausgangsinverter und die schnelle Differenzialstufe aufgrund der kreuzgekoppelten PMOS-Pull-up-Transistoren. Diese Differenzialstufe führt jedoch zu erheblich größeren Kurzschlussströmen. Weitere Nachteile der CPL sind die große Anzahl von Knoten und der hohe Verdrahtungsaufwand aufgrund der Dual-Rail-Signale sowie die ineffiziente Realisierung einfacher Gatter.

2. **Swing restored pass-transistor logic (SRPL):** Der SRPL-Stil ist von CPL abgeleitet. Hier sind die Ausgangsinverter mit einer Latch-Struktur kreuzgekoppelt, die gleichzeitig eine Swing-Restaurierung und Ausgangspufferung durchführt. Beachten Sie, dass die Pull-up-PMOS-Transistoren nicht mehr erforderlich sind und dass die Ausgangsknoten des NMOS-Netzwerks auch die Gate-Ausgänge sind. Da die Inverter die Ausgänge ansteuern und außerdem vom NMOS-Netzwerk übersteuert werden müssen, wird die Dimensionierung der Transistoren sehr schwierig und führt zu schlechter Ausgangstreiberfähigkeit, langsamem Schalten und großen Kurzschlussströmen. Dies wird noch schlimmer, wenn SRPL-Gatter kaskadiert werden. Die daraus resultierende Reihe von NMOS-Netzwerken mit konkurrierenden Invertern dazwischen führt zu sehr langsamem Schalten und unzuverlässigem Betrieb. SRPL-Gatter sind sehr empfindlich gegenüber der Transistorgröße und zeigen nur in sehr speziellen Schaltungen eine akzeptable Leistung.

3. **Doppelpass-Transistor-Logik (DPL):** Bei der DPL-Variante werden sowohl NMOS- als auch PMOS-Logiknetzwerke parallel verwendet, so dass die Ausgangssignale einen vollen Hub aufweisen und die Schaltung daher sehr robust ist. Allerdings ist die Anzahl der Transistoren, insbesondere der großen PMOS-Transistoren, und die Anzahl der Knotenpunkte recht hoch, was zu erheblichen kapazitiven Lasten führt. Die Kombination aus großen PMOS-Transistoren und ineffizienter Dual-Rail-Logik macht DPL im Vergleich zu anderen Durchgangstransistor-Logikformen und zu komplementären CMOS nicht wettbewerbsfähig. Man beachte, dass DPL als Dual-Rail-Pass-Gate-Logik betrachtet werden kann, während CMOS+ eine Single-Rail-Pass-Gate-Logik ist.

4. **Einspurige Pass-Transistor-Logik (LEAP):** Im LEAP-Logikentwurfsschema wird eine Einspur-Durchgangstransistorlogik vorgeschlagen. Im Gegensatz zu den Zweileiter-Logikmodellen sind nur eine einzige Verdrahtung zwischen den Zellen und ein einziges NMOS-Netzwerk erforderlich, während die erforderlichen komplementären Eingangssignale lokal von Invertern erzeugt werden. Die Schwingungswiederherstellung wird durch einen rückgekoppelten Pull-up-PMOS-Transistor realisiert, der jedoch langsamer ist als die kreuzgekoppelten PMOS-Transistoren von CPL, die im Differenzialmodus arbeiten. Man beachte auch, dass diese Struktur zur Schwingungswiederherstellung nur funktioniert, weil der Schwellenspannungsabfall durch das NMOS-Netzwerk für eine logische "1" verhindert, dass das NMOS des Inverters und damit der Pull-up-PMOS eingeschaltet wird. Die Robustheit bei niedrigen Spannungen ist daher nur gewährleistet, wenn die Schwellenspannungen entsprechend klein sind. Andererseits ist die einfache Verwendung von Logikgattern und die Kompatibilität mit dem konventionellen zellenbasierten Design bei diesem Logikstil teilweise gegeben. Der Tatsache, dass herkömmliche

Logiknetzwerke effizienter auf einfache Logikgatter als auf Multiplexer abgebildet werden können, wird im LEAP-System mit einem neuen Syntheseansatz begegnet, der die volle Funktionalität von Multiplexerstrukturen ausnutzt[4].

2.9 Übersicht über verschiedene XOR/XNOR-Schaltungsdesigns unterschiedlicher CMOS-Logikstile

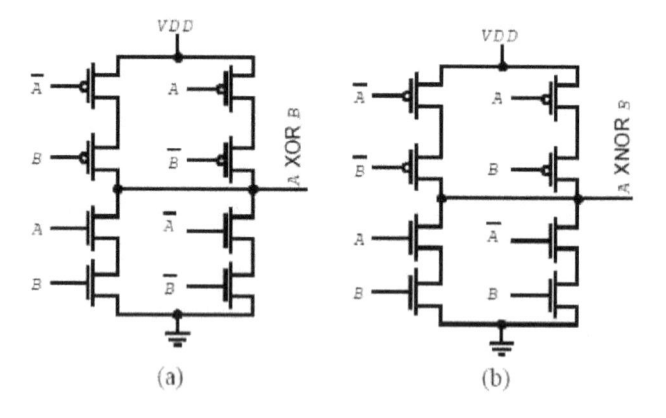

A. Statische CMOS-XOR- und XNOR-Schaltung

Komplementäres CMOS verwendet zwei Netzwerke, um eine bestimmte Funktion zu realisieren. Ein erster Teil besteht ausschließlich aus einem komplementären Pull-up-PMOS-Netzwerk, während ein zweiter Teil aus einem Pulldown-NMOS-Netzwerk besteht. Diese Technik ist weit verbreitet und führt zu Ergebnissen, die weithin akzeptiert werden, aber sie erfordert eine größere Anzahl von CMOS-Transistoren. Das statische CMOS-XOR- und XNOR-Gatter ist in Abb. 2.1a und Abb. 2.1b dargestellt. Die Schaltung kann mit vollem Ausgangsspannungshub arbeiten.

$$Z = A \oplus B = (A + B).(A' + B')$$

$$Z' = (A \oplus B)' = \{(A + B).(A' + B')\}'$$

$$Z' = AB + A'B'$$

$$Z = (AB + A'B')' = A \oplus B$$

(a) (b)

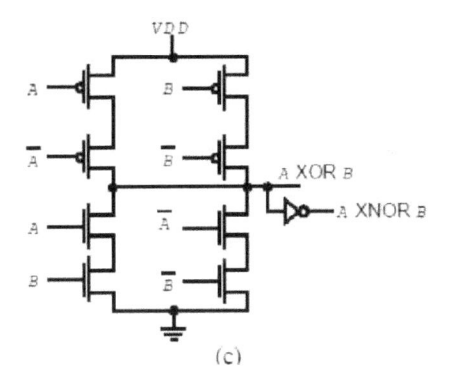

Abb. 2.1 a, b, c Statische CMOS-XOR-XNOR-Schaltungen.

B. PTL-basierte XOR- und XNOR-Schaltungen

Eine andere Logikform, die so genannte Pass-Transistor-Logik (PTL), wird ebenfalls häufig verwendet. Sie unterscheidet sich von der komplementären CMOS-Logik dadurch, dass die Source-Seite des MOS-Transistors mit einer Eingangsleitung verbunden ist und nicht mit Stromleitungen. Ein weiterer wichtiger Unterschied besteht darin, dass nur ein PTL-Netzwerk (entweder NMOS oder PMOS) ausreicht, um die logische Operation durchzuführen. Abb. 2.2a zeigt mehrere XOR-XNOR-Schaltungen, die die hohe Funktionalität der Pass-Transistor-Logik nutzen. Trotz der Einsparungen bei der Transistoranzahl ist das gemeinsame Problem bei all diesen Schaltungen der Schwellenwertverlust am Ausgangsknoten bei bestimmten Eingangskombinationen. Die Verringerung des Ausgangsspannungshubs ist einerseits für den Stromverbrauch von Nutzen.

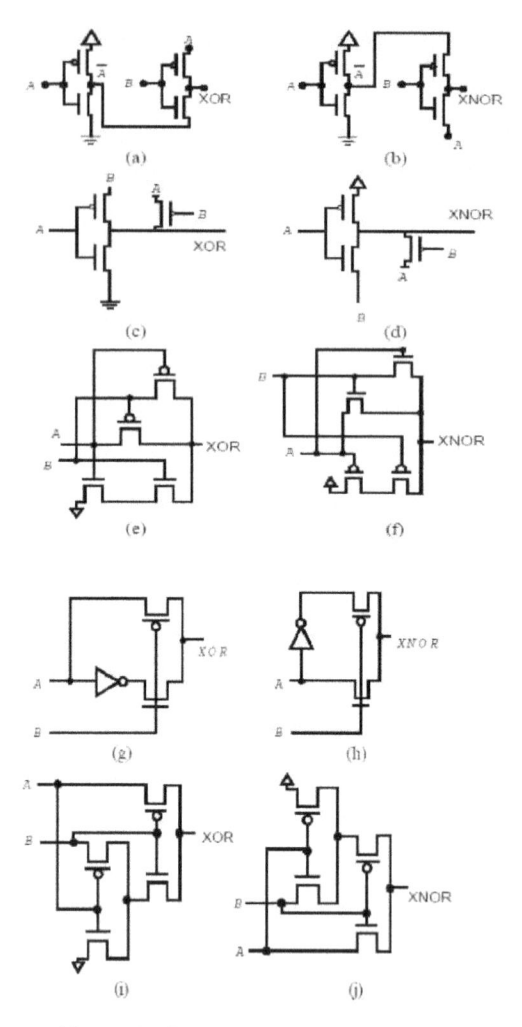

Abb. 2.2 a, b, c, d, e, f, g, h, i, j zeigt verschiedene Arten von XOR/XNOR-Schaltungen

C. PTL-basierte XOR-XNOR-Schaltungen

Wenn der Eingang *B* auf logisch 1 steht, ist der PMOS-Durchgangstransistor AUS und der NMOS-Durchgangstransistor EIN. Daher ist der XOR-Ausgang der Schaltung in Abb. 2.2b das Komplement von Eingang A und der XNOR-Ausgang in Abb. 2.2c erhält denselben logischen Wert wie Eingang A. Wenn der Eingang B auf logisch 0 ist, ist der XNOR-Ausgang der Schaltung in Abb. 2.2a das Komplement von Eingang A und XOR-Ausgang. Er erhält den gleichen logischen Wert wie Eingang A, da der PMOS-Durchgangstransistor eingeschaltet und der NMOS-Durchgangstransistor ausgeschaltet ist.

Bei der XOR-Schaltung in Abb. 2.2b funktioniert die Inverterschaltung wie ein normaler CMOS-Inverter, wenn der Eingang B auf logisch 1 steht. Daher ist der Ausgang das Komplement von Eingang A. Wenn der Eingang B auf logisch 0 steht, ist der Ausgang des CMOS-Inverters hochohmig. Der PMOS-Durchgangstransistor ist jedoch eingeschaltet, und der Ausgang erhält den gleichen logischen Wert wie Eingang A. Die gesamte Schaltung funktioniert also wie eine XOR-Schaltung mit zwei Eingängen. Sie führt jedoch für einige Eingangsmuster keine Vollschwingungsoperationen durch, wodurch die entsprechenden Ausgänge um |Vth| verschlechtert werden. Für A = 1 und B = 0 kommt es zu einem Spannungsabfall aufgrund des Schwellenwertabfalls am Transistor, wodurch der Ausgang gegenüber dem Eingang verschlechtert wird.

Bei der XNOR-Schaltung in Abb. 2.2c kommt es bei A = 0 und B = 1 zu einem Spannungsabfall aufgrund des Schwellenwertabfalls am Transistor, wodurch der Ausgang gegenüber dem Eingang verschlechtert wird. Die XOR- bzw. XNOR-Schaltung ist in Abb. 2.2d und Abb. 2.2e dargestellt. Der Ausgangsspannungshub ist vermindert, die Ansteuerungsmöglichkeiten sind begrenzt und der Stromverbrauch ist gering. Die Schaltungen in Abb. 2.2g und Abb. 2.2h bieten gute Ausgangspegel und die Ansteuerungsfähigkeit der Schaltungen wird ebenfalls verbessert, da sie statische CMOS-Inverter verwenden. Die größte Einschränkung der Schaltungen ist der zusätzliche Stromverbrauch aufgrund des statischen CMOS-Inverters. Eine neue Reihe von 4-Transistor-XOR- und XNOR-Schaltungen mit geringem Stromverbrauch, die als stromlose (P-) XOR- bzw. erdfreie (G-) XNOR-Schaltungen bezeichnet werden, sind in Abb. 2.2f und Abb. 2.2g dargestellt. Die XOR-Schaltung in Abb. 2.2h ähnelt der XOR-Schaltung in Abb. 2.2i. Der einzige Unterschied besteht darin, dass der VDD-Anschluss des statischen CMOS-Inverters mit einem der beiden Eingangssignale verbunden ist. Die P-XOR- und G-XNOR-Schaltungen verbrauchen weniger Strom als die anderen Schaltungen, da sie keine Verbindung zur Stromversorgung (VDD) oder zur Masse (VSS) haben. Diese Schaltungen können bei niedriger Versorgungsspannung aufgrund von Schwellenwertverlusten am Ausgangsknoten nicht richtig funktionieren und weisen schlechte Verzögerungseigenschaften auf.

D. DPL-XOR- und XNOR-Schaltungen

Bei der Doppeldurchgangs-Transistor-Logik (DPL) werden komplementäre Transistoren verwendet, um den Vollschwingungsbetrieb beizubehalten und den Gleichstromverbrauch zu verringern. Dadurch entfällt der Bedarf an Wiederherstellungsschaltungen. Eine Einschränkung von DPL ist die große Fläche, die aufgrund der Präsenz von PMOS-Transistoren benötigt wird. XOR- und XNOR-Schaltungen mit 10 Transistoren DPL (Double pass-transistor logic) sind in Abb. 2.3 dargestellt.

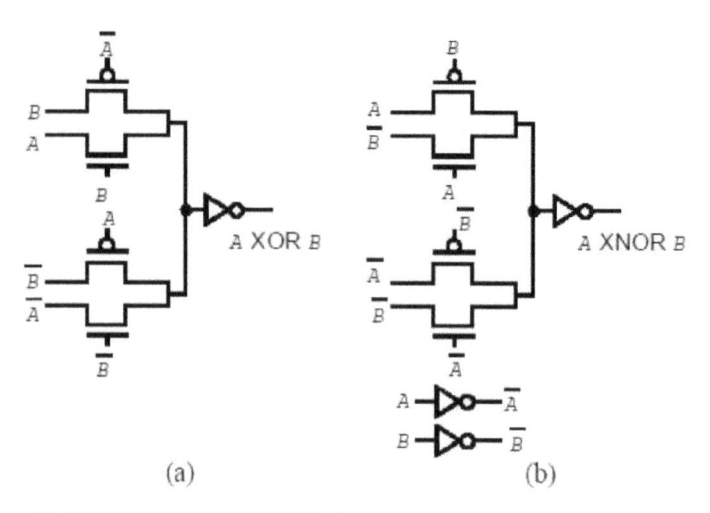

Abb. 2.3 (a) DPL XOR 2.3 (b) XNOR-Schaltungen

Da sowohl NMOS- als auch PMOS-Bauelemente vorhanden sind, haben alle Knoten in DPL-Schaltungen einen vollen Spannungshub und es gibt kein Problem mit statischem Kurzschlussstrom. Der Nachteil dieser Schaltung sind die erforderlichen komplementären Eingänge.

E. Inverterbasierte XOR- und XNOR-Schaltungen

XOR- und XNOR-Schaltungen auf Inverterbasis werden durch Kaskadierung von drei Invertern entwickelt (siehe Abb. 2.4a). Die gravierende Einschränkung dieser Schaltungen ist der nicht vollständige Spannungshub an den internen Knoten der Schaltung. Sie arbeiten jedoch auch bei hoher Versorgungsspannung zuverlässig. Der in Tabelle 1 dargestellte Ausgangswert für Abb. 2.4b, der die Signalpegel am Ausgang zeigt, ist in einigen Fällen bei einer niedrigen Versorgungsspannung von 1,8 V beeinträchtigt.

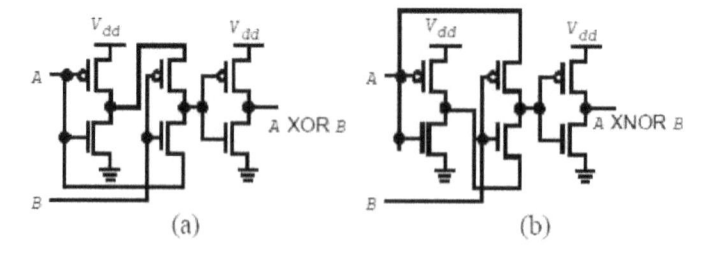

Abb. 2.4 (a) Inverter XOR 2.4 (b) Inverter XNOR-Schaltungen

Inverterbasierte XOR- und XNOR-Schaltungen.

Eingaben		Ausgabe		
A	B	XNOR	XOR	
0	0	Schlecht 1	Gut	0
0	1	Gut 0	Gut	1

1	0	Gut O		Gut	1
1	1	Gut 1		Gut	O

Tabelle 1 XOR/XNOR-Wahrheitstabelle

F. XOR- und XNOR-Schaltungen mit Übertragungsgatter

Transmission Gate CMOS (TG) nutzt die Transmissionsgatterlogik, um komplexe logische Funktionen mit einer geringen Anzahl von komplementären Transistoren zu realisieren. Durch die Verwendung von PMOS- und NMOS-Transistoren wird das Problem der geringen Schwankungsbreite der Logikpegel gelöst. 10-Transistor-Schaltungen für die XOR-XNOR-Funktion auf der Grundlage von Transmissionsgattern und Invertern. Diese Schaltung behebt die Schwächen der vorherigen Entwürfe. Der Entwurf besteht aus zwei Transmissionsgattern und drei statischen Invertern. In diesem Entwurf wird ein Inverter verwendet, um das komplementäre Signal der XOR-Funktion zu erzeugen, da XOR- und XNOR-Schaltungen Funktionen implementieren, die komplementär sind. Diese Schaltung kann mit einer niedrigeren Versorgungsspannung betrieben werden und hat einen vollen Ausgangsspannungshub für alle Eingänge.

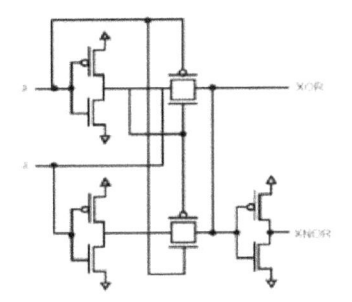

Abb. 2.5 Übertragungsgatter XOR-XNOR-Schaltungen

Eingaben		Ausgabe	
A	B	XNOR	XOR
0	0	Gut 1	Gut 0
0	1	Gut O	Gut 1
1	0	Gut O	Gut 1
1	1	Gut 1	Gut O

Die in Abb. 2.5 gezeigten 9-Transistor-Schaltungen für die XOR-XNOR-Funktion mindern die Probleme des Schwellenspannungsverlusts und der Standby-Verlustleistung, die nicht Null ist. Durch die Kaskadierung eines Standardinverters nach der XOR-Schaltung wird ein Hochleistungs-XNOR, wie in Abb.2.5 gezeigt, einen wiederhergestellten Ausgang haben. Die gleiche Eigenschaft ist auch in der XOR-Struktur vorhanden. Der in Abb. 2.5 gezeigte Ausgangswert, der die Signalpegel am Ausgang zeigt, ist in allen Fällen bei einer niedrigen Versorgungsspannung von 1,8 V korrekt. Diese Schaltungen bieten einen vollen Spannungshub (d. h. 0 V für logisch 0 und 1,8 V für logisch 1).

G. GDI-XOR-Schaltung

GDI (Gate diffusion input) ist eine stromsparende digitale kombinatorische Schaltungstechnik, die auf der

Verwendung einer einfachen GDI-Zelle basiert (siehe Abb. 2.6). Der grundlegende Unterschied zwischen einer GDI-Zelle und einem Standard-CMOS-Inverter ist der folgende:

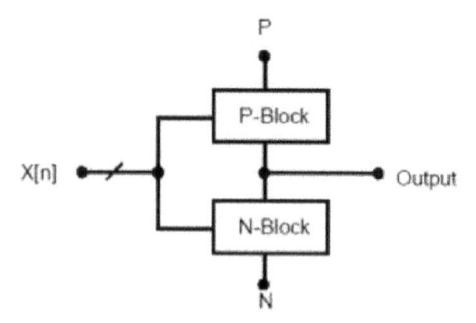

Abb. 2.6 GDI XOR-Blockdiagramm

Die GDI-Zelle enthält drei Eingänge G (gemeinsamer Gate-Eingang von NMOS- und PMOS-Transistor), P (Eingang zum Source/Drain von PMOS) und N (Eingang zum Source/Drain von NMOS). Die Bulks von NMOS und PMOS sind mit N bzw. P verbunden, so dass sie im Gegensatz zu einem CMOS-Inverter beliebig vorgespannt werden können. Diese Technik ermöglicht es, den Stromverbrauch, die Laufzeitverzögerung und die Fläche digitaler Schaltungen zu reduzieren und gleichzeitig die Komplexität des Logikdesigns gering zu halten. Eine 4-Transistor-XOR-Schaltung mit einer GDI-Zelle ist in Abb. 2.7 dargestellt.[6,7,8,9]

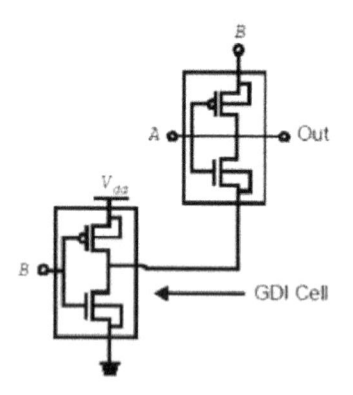

Abb. 2.7 GDI-XOR-Schaltung

H. XOR- und XNOR-Schaltungen mit Rückkopplungstransistoren

Die kombinierte XOR-XNOR-Zelle wird zur Ansteuerung der Auswahlleitungen des Multiplexers, der Steuersignalleitungen usw. verwendet, wobei die gleichzeitige Erzeugung der beiden unverzerrten Ausgänge äußerst wünschenswert ist. Um das Problem der schiefen Ausgänge zu lösen, werden im Folgenden einige Entwürfe erörtert, die die Implementierung der XOR- und XNOR-Funktionen in einer Schaltung kombinieren. Um den Ausgangsspannungshub zu verbessern, werden kreuzgekoppelte PMOS-Transistoren und/oder kreuzgekoppelte PMOS- und NMOS-Transistoren zwischen XOR- und XNOR-Ausgang geschaltet. Die hier beschriebene XOR- und XNOR-Schaltung basiert auf nicht-komplementären Eingangssignalen und hat eine bessere PDP- und Rauschfestigkeit. Die NMOS- und PMOS-Transistoren werden zu den Grundschaltungen hinzugefügt, um das

Problem des Schwellenspannungsverlustes zu mildern, das bei der Entwicklung von Pass-Transistor-Logik häufig auftritt. Um das Problem der schiefen Ausgänge zu lösen, werden grundlegende XOR-XNOR-Schaltungen in einer Schaltung kombiniert, wie in Abb. 2.7 gezeigt. Bei sehr niedrigen Spannungen wird die Verlustleistung im Vergleich zur Verringerung der Verzögerung vernachlässigbar, und das Leistungs-Verzögerungs-Produkt dieser Schaltung ist immer besser als das ihrer Gegenstücke. Der Ausgang ist störungsfrei und wird in Abb. 2.8 gezeigt.

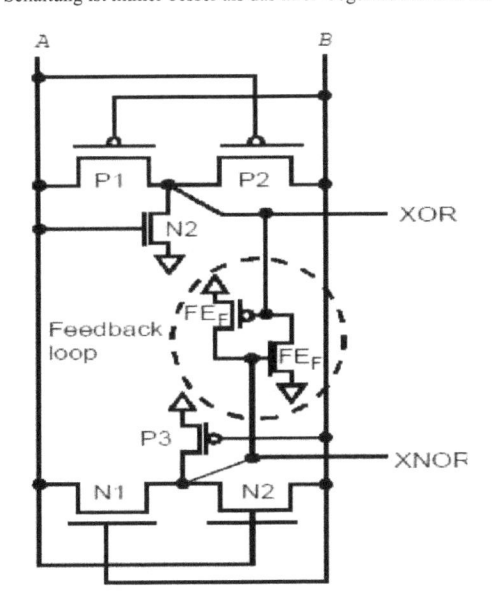

Abb. 2.8 XOR- und XNOR-Schaltungen mit Rückkopplungstransistoren

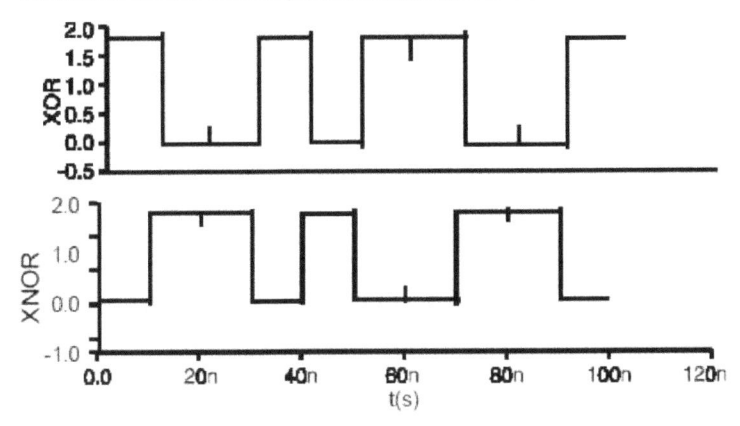

Abb. 2.9 Ausgangswellenform für XOR-XNOR-Schaltung

Ausgangswellenform für XOR-XNOR-Schaltung

Diese Schaltung basiert auf komplementären Eingangssignalen. Bei dieser Methode erhöht sich die Anzahl der Transistoren, aber die Leistung wird erheblich verbessert. Ein weiteres Highlight dieser Methode ist die

Verwendung von Rückkopplungstransistoren. Die erste Schaltung ist in Abb.2.8 dargestellt. Zwei Pull-Up-Transistoren P1 und P2 und zwei Pull-Down-Transistoren N1 und N2 (gestrichelte Kreise) ergänzen das Grundgerüst (schraffierte Fläche). Der Ausgangswert für die Grundschaltung ist in der nachstehenden Tabelle aufgeführt, und die Ausgangswellenform der XOR- und XNOR-Schaltung nach Anwendung der Methode I ist in Abb. 2.9 dargestellt. Wie aus der Tabelle ersichtlich ist, ist der alternative Ausgangswert eine schlechte oder schwache Logik. Insbesondere erzeugt der Eingangsvektor "10" eine "schlechte 1" für die XOR-Funktion. Dies wird durch den Einsatz der beiden Pull-up-Transistoren P1 und P2 im XOR-Netzwerk korrigiert.

Eingaben		Ausgabe	
A	B	XNOR	XOR
0	0	Gut 1	Schlecht 0
0	1	Schlecht 0	Gut 1
1	0	Gut 0	Schlecht 1
1	1	Schlecht 1	Gut 0

Ähnlich verhält es sich bei der XNOR-Funktion: Der Eingangsvektor "01" erzeugt eine "schlechte 0", die durch den Einsatz der beiden Pull-down-Transistoren N1 und N2 im XNOR-Netzwerk korrigiert werden kann. Die verbleibenden zwei fehlerhaften Ausgänge werden mit Hilfe einer Rückkopplungsschleife korrigiert.

XOR -XNOR-Schaltungen

Eine neuartige XOR-XNOR-Schaltung mit 8 Transistoren, die gleichzeitig XOR- und XNOR-Ausgänge erzeugt, ist in Abb.2.10 dargestellt. Diese Schaltung bietet einen vollen Spannungshub (d.h. 0 V für logisch 0 und 1,8 V für logisch 1) bei niedriger Versorgungsspannung. Die vorgestellte XOR-XNOR-Schaltung basiert auf einer komplementären Pass-Transistor-Logik, bei der nur ein statischer Inverter anstelle von zwei statischen Invertern wie bei der regulären CPL-XOR-Schaltung zum Einsatz kommt. In der ersten Hälfte der Schaltung werden nur NMOS-Durchgangstransistoren für die Erzeugung der XOR- und XNOR-Ausgänge verwendet. Die kreuzgekoppelten PMOS-Transistoren sind zwischen XOR- und XNOR-Ausgang geschaltet, um das Schwellenwertproblem für alle möglichen Eingangskombinationen zu verringern und die Kurzschluss-Verlustleistung zu reduzieren. Die Schaltung ist aufgrund der hochbeweglichen NMOS-Transistoren und der schnellen Differenzialstufe der kreuzgekoppelten PMOS-Transistoren von Natur aus schnell. [5]

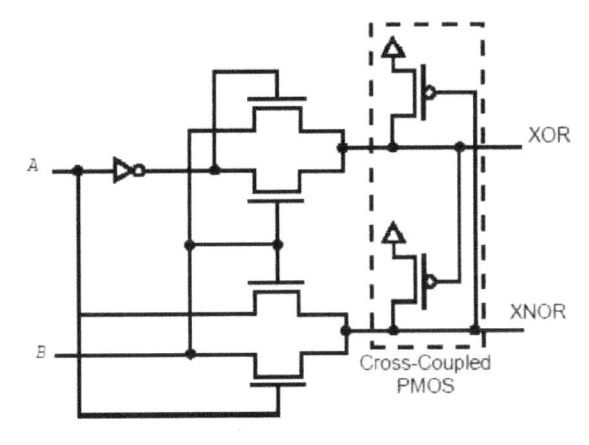

Abb. 2.10 Kreuzgekoppelte XOR-XNOR-Schaltung

XOR-XNOR-Schaltung

Die in Abb. 2.11 dargestellte XOR-XNOR-Schaltung verfügt über zwei komplementäre Rückkopplungstransistoren zur Wiederherstellung des nicht vollen Spannungshubs. Sie stellen den nicht vollen Ausgangsspannungshub wieder her, indem sie ihn entweder über PMOS nach oben zum VDD oder über NMOS nach unten zur Masse ziehen. Dadurch wird die Treiberleistung erhöht. Da es außerdem keinen direkten Pfad zwischen der Stromversorgung und Masse gibt, wurde der Kurzschlussstrom reduziert.

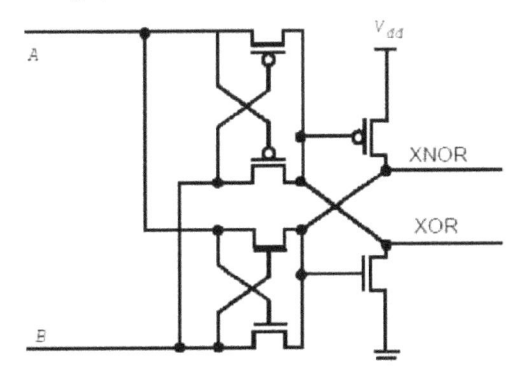

Abb. 2.11 XOR-XNOR-Schaltung mit komplementärer Rückkopplung

XOR-XNOR-Schaltungen

Da die Leistung bei niedriger Versorgungsspannung nicht zufriedenstellend war, haben wir die Schaltung geändert. In dieser Schaltung wurden zwei PMOS- und NMOS-Transistoren in Reihe geschaltet, um das Problem der Verzögerung im ungünstigsten Fall zu lösen. Diese Schaltung hat den vollen Ausgangsspannungshub für alle möglichen Eingangskombinationen, wie in Abb.2.12 gezeigt.

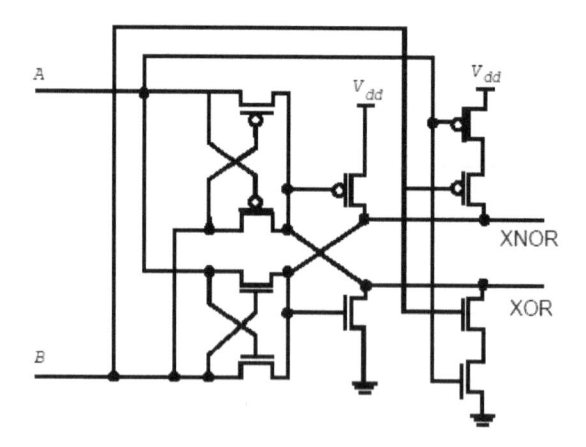

Abb. 2.12 Modifizierte XOR-XNOR-Schaltungen

KAPITEL 3 DURCHFÜHRUNG

3.1 Einführung in das Projekt:

Es wird eine stromsparende 4:2-Hochgeschwindigkeits-Kompressorschaltung für schnelle digitale arithmetische integrierte Schaltungen vorgeschlagen. Diese Schaltung wird häufig für die Realisierung von Multiplikatoren eingesetzt. Auf der Grundlage eines neuen Exklusiv-ODER- (XOR) und Exklusiv-NOR- (XNOR) Moduls wurde eine 4:2-Kompressorschaltung entworfen. Die vorgeschlagene Schaltung zeigt eine Veränderung des Stromverbrauchs. Die vorgeschlagene 4:2-Kompressorschaltung wurde mit früheren Schaltungen verglichen, und es hat sich gezeigt, dass die vorgeschlagene Schaltung den geringsten Stromverbrauch und die geringste Verzögerung aufweist.

3.2 Ziel des Projekts:

Das Hauptziel unseres Projekts ist der **"Entwurf und die Implementierung eines 4:2-Kompressorentwurfs mit neuen XOR/XNOR-Modulen"**. Der Kompressor wurde sowohl mit Pass-Transistor-Logik als auch mit Transmissions-Gated-Logik entworfen. Im Vergleich zu CMOS-Designs reduziert er die Fläche, die Verlustleistung und die Verzögerung. In diesem vorgeschlagenen System wurde auch ein 4:2-Kompressor entworfen und implementiert. Die 4:2-Kompressoren wurden mit dem neuen XOR-XNOR-Modul mit acht Transistoren und einem 2:1-Multiplexer mit Transmissionsgatter ohne Ausgangspuffer entworfen. Dieses Multiplexerdesign ist schneller und verbraucht weniger Strom als das Standard-CMOS-Design.

3.3 Die Ziele dieses Projekts sind wie folgt:

3.3.1 Adder-Kompressor-Architekturen:
Adder-Kompressoren wurden zur Implementierung von arithmetischen und digitalen Signalverarbeitungsschaltungen (DSP) für Anwendungen mit geringem Stromverbrauch und hoher Leistung verwendet. Kompressoren werden auch in Multiplikatorarchitekturen verwendet. Multiplikatoren sind in drei Funktionen gegliedert: Teilproduktgenerierung, Teilproduktakkumulation und Endaddition. Die Hauptquelle für Leistung, Verzögerung und Fläche liegt in der Teilproduktakkumulationsstufe. Diese Stufe wird in der Regel durch Kompressoren realisiert, da sie zur Verringerung der Teilprodukte (Verringerung der Anzahl der Addierer in der Endstufe) und zur Verringerung des kritischen Pfads beitragen, was für die Aufrechterhaltung der Leistung der Schaltung wichtig ist.

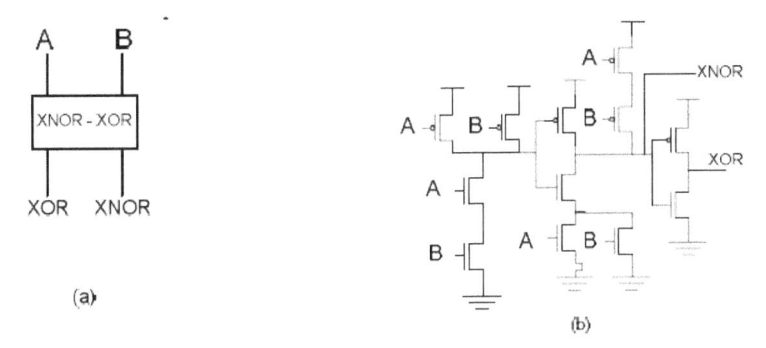

Abb. 3.1 (a) XOR-XNOR-Modul 3.1 (b) XOR-XNOR, realisiert mit CMOS-Logik

Bestehendes XOR-Design:

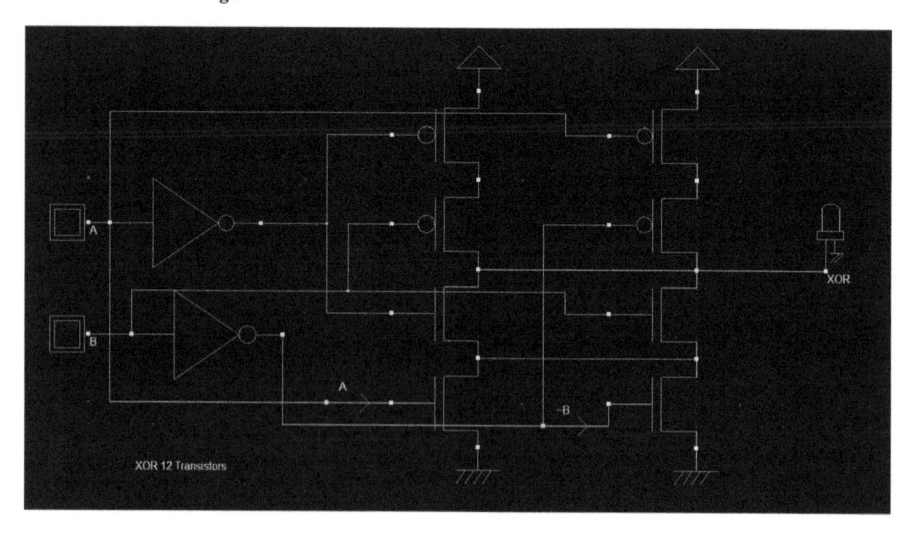

Abb. 3.2 DSCH-Entwurf eines statischen XOR

Vorhandene XOR/XNOR-Wellenformen:

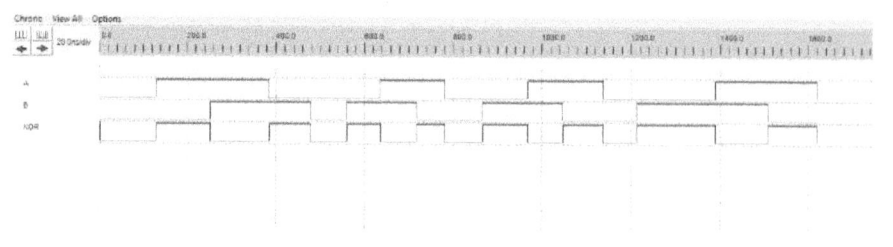

Abb. 3.3 DSCH-Entwurf von statischen XOR-Wellenformen

Kompressoren bestehen im Wesentlichen aus zwei Arten von Modulen: XOR-XNOR-Komplex-Gatter und Multiplexer (MUX). Eine CMOS-Logik-Implementierung der beiden Module ist in Abb. 3.4a und Abb. 3.4b dargestellt. Es wird eine Entwurfsraumuntersuchung für 4:2- und 5:2-Kompressoren vorgestellt. Sie zeigt die verschiedenen Möglichkeiten zur Implementierung von Addierer-Kompressoren auf der Grundlage unterschiedlicher Logikstile, aber mit derselben Architektur. Die Ergebnisse zeigen einige Kombinationen von Logikstilen für die XOR-XNOR- und MUX-Module, die bessere Ergebnisse in Bezug auf Verzögerung und Leistung erzielen. Für das XOR-XNOR-Modul weist die Schaltung bessere Eigenschaften auf als andere. Und für das MUX-Modul liefert ein MUX auf der Grundlage von Übertragungsgattern mit einem Ausgangspuffer die besten Ergebnisse.

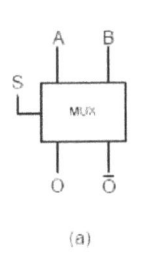

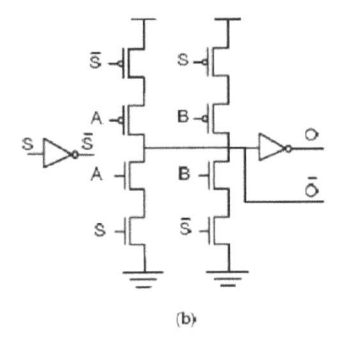

Abb. 3.4a Multiplexer (MUX) mit zwei Ausgängen 3.2b Multiplexer (MUX) in CMOS-Technik

Grundlegende Blockdarstellung des Mux:

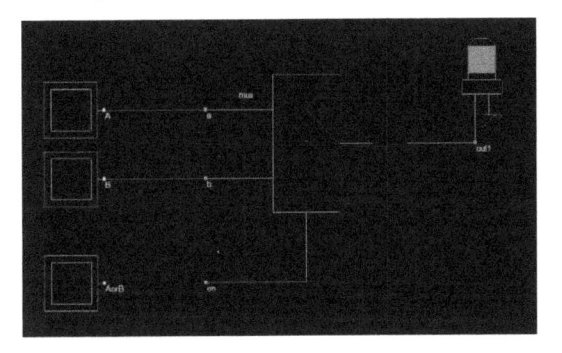

Abb. 3.5 MUX-Blockschaltbild

Standard-Mux:

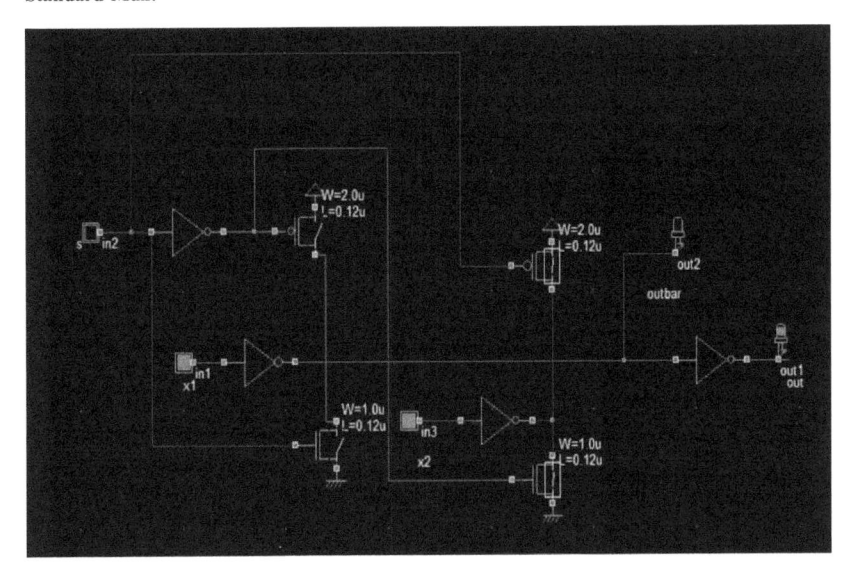

Abb. 3.6 DSCH-Entwurf eines Standard-MUX

Vorhandene MUX-Wellenformen:

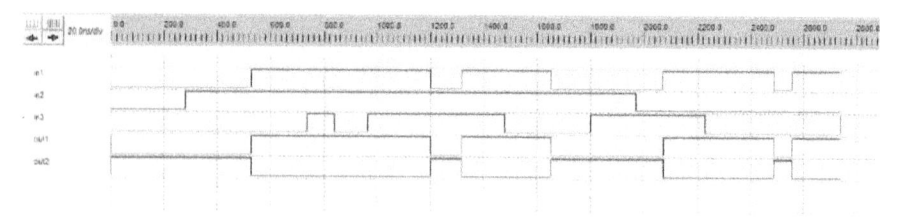

Abb. 3.7 DSCH-Entwurf einer Standard-MUX-Wellenform

Es wird eine neue Architektur vorgestellt. Bei dieser Architektur liegt der Schwerpunkt auf der Verwendung von Multiplexern anstelle von XOR-Gattern. Der Grund dafür ist, dass die Verwendung von Multiplexern die Geschwindigkeit erhöht, wenn sie im kritischen Pfad platziert werden. Für das XOR-XNOR-Modul wird in dieser Arbeit die traditionelle CMOS-Logik verwendet, und für das MUX-Modul wird eine Kombination aus traditioneller CMOS-Logik und einer Transmissionsgatter-Logik verwendet, die aufgrund der begrenzten Ansteuerungsmöglichkeiten nur in den internen Pfaden des Addierers eingesetzt wird.

Vorgeschlagene Darstellung des MUX-Blocks:

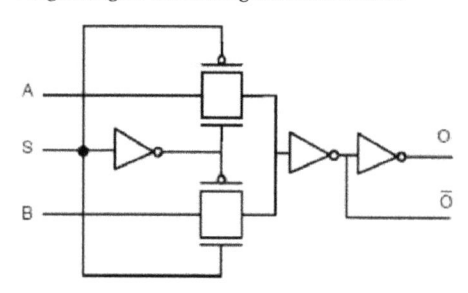

Abb. 3.8 Multiplexer (MUX), implementiert mit Übertragungsgattern.

Vorgeschlagener Mux:

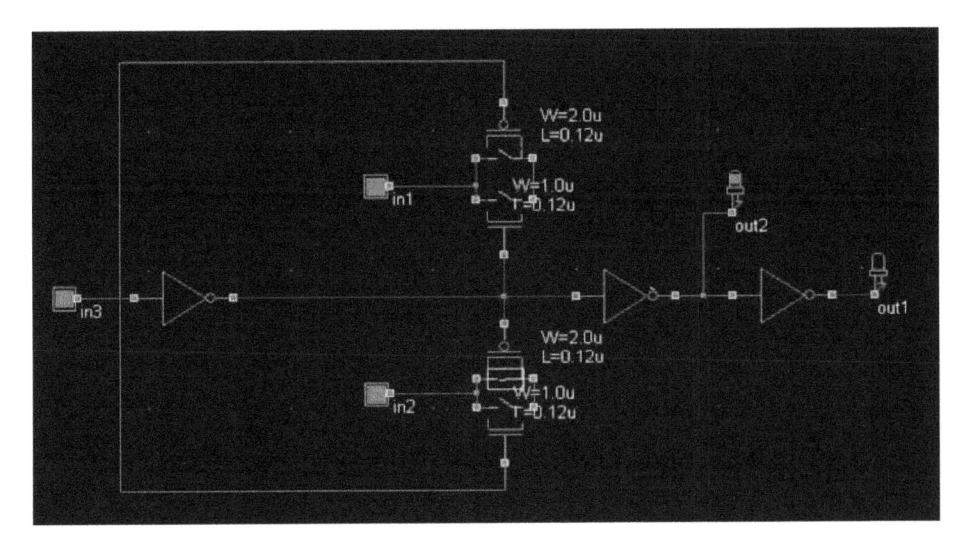

Abb. 3.9 DSCH-Design des vorgeschlagenen MUX

Vorgeschlagene MUX-Wellenformen:

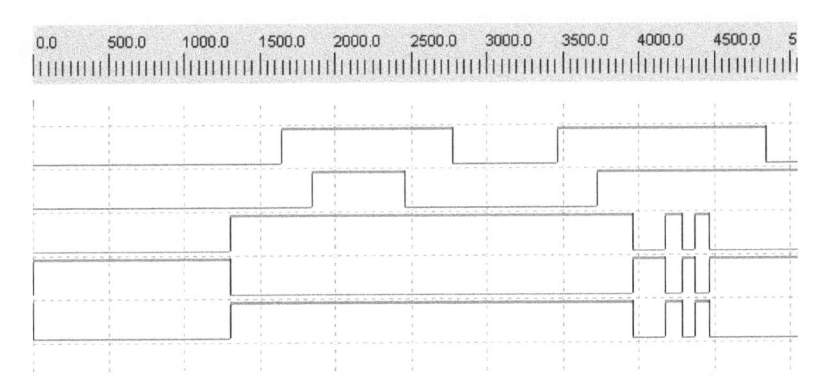

Abb. 3.10 DSCH-Design der vorgeschlagenen MUX-Wellenformen

Vorgeschlagenes XOR/XNOR-Design:

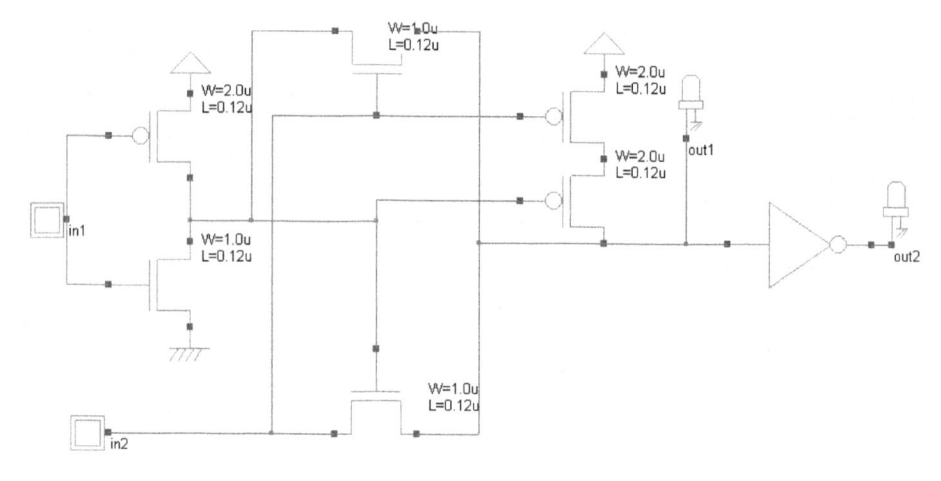

Abb. 3.11 DSCH-Entwurf des vorgeschlagenen XOR/XNOR

Vorgeschlagene XOR/XNOR-Design-Wellenformen:

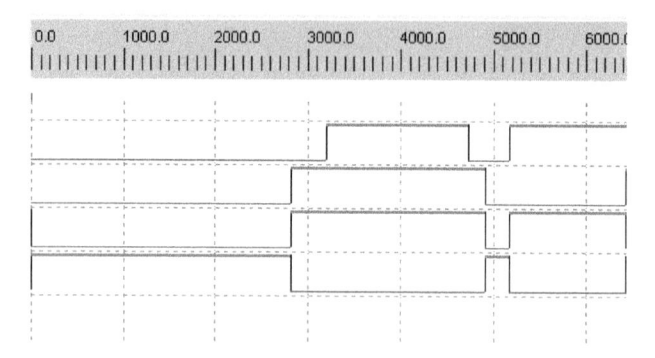

Abb. 3.12 DSCH-Design der vorgeschlagenen XOR/XNOR-Wellenformen

3.3.2 Mindestanforderungen: Im Folgenden sind die Mindestanforderungen für dieses Projekt aufgeführt.

Software-Tools:

Tanner EDA-Tool zur schematischen Darstellung auch von Wellenformen und Betriebszwecken.

Backend-Tools für Layout und hierarchische Logikentwürfe von 4:2-Kompressorentwürfen.

3.4 Blockdiagramm:

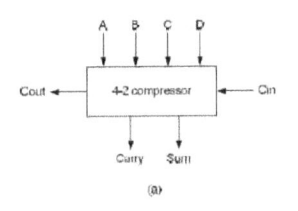

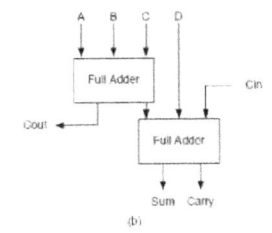

Abb. 3.13a Blockschaltbild des vorgeschlagenen 4:2-Verdichters 3.4b Detailliertes Blockschaltbild des 4:2-Verdichters

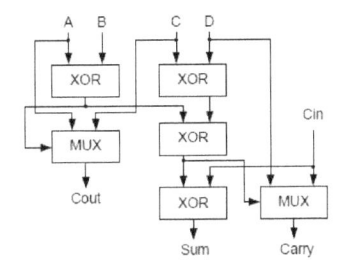

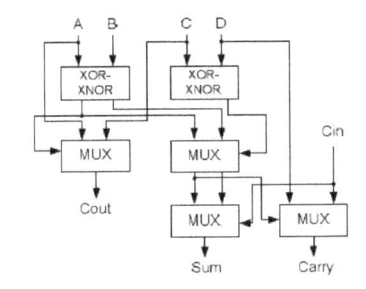

Abb. 3.14a XOR-Modul FA Abb. 3.14b FA mit XOR-XNOR-Modulen

3.5 Durchführung des Projekts:

Zunächst wird die Implementierung eines 3:2-Kompressors mit neuen XOR/XNOR-Modulen durchgeführt. Hier verwenden wir einen einzelnen Volladdierer zur Implementierung eines 3:2-Kompressors. Bei den 4:2-Kompressoren hingegen werden 2 Volladdierer-Schaltungen für die Implementierung verwendet. Zum besseren Verständnis der 4:2-Kompressoren werden wir die 3:2-Kompressoren untersuchen.

a) 3:2-Kompressor:

Hier werden die 3:2-Addierer-Kompressoren vorgestellt. Wie in der Wahrheitstabelle dargestellt, ist die Funktionsweise dieselbe wie bei einem Volladdierer. Er benötigt 3 Eingänge A, B, C, um 2 Ausgänge zu erzeugen, die Summe und die Übertragsbits.

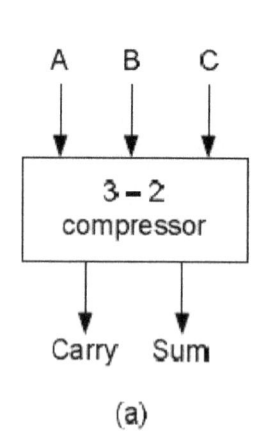

A	B	C	Sum	Carry
0	0	0	0	0
0	0	1	1	0
0	1	0	1	0
0	1	1	0	1
1	0	0	1	0
1	0	1	0	1
1	1	0	0	1
1	1	1	1	1

(a) (b)

Abb. 3.15a 3-2-Addierer-Kompressor Tabelle 2 Wahrheitstabelle für den 3-2-Addierer-Kompressor

Dieser Kompressor wird durch die folgende Gleichung gesteuert: A+B+C=Summe+2(Übertrag).

In der obigen Abbildung 3.14a sind die beiden in dieser Arbeit implementierten Architekturen dargestellt. Die traditionelle Architektur, die in Abb. 3.14b dargestellt ist, wird mit der CMOS-Logik der XOR-XNOR- und MUX-Module realisiert. Diese Architektur wird durch die folgenden Gleichungen bestimmt:

$$Sum = A \oplus B \oplus C$$

$$Carry = (A \oplus B) * C + \overline{(A \oplus B)} * A$$

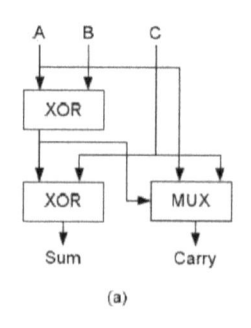

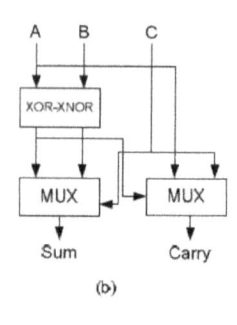

Abb. 3.16a Traditionelle Architektur von 3-2-Kompressoren 3.16b Verbesserte Architektur für einen 3-2-Kompressor

Diese Architektur verwendet das in 3.16(b) dargestellte XOR-XNOR-Modul und die in Abbildung 3.16(a) dargestellte Übertragungsgatterversion des MUX-Moduls. Diese Architektur wird durch die folgenden Gleichungen bestimmt:

$$Sum = (A \oplus B) * \overline{C} + \overline{(A \oplus B)} * C$$

$$Carry = (A \oplus B) * C + \overline{(A \oplus B)} * A$$

a) **4:2-Kompressoren:**

Der 4-2-Kompressor hat 5 Eingänge A, B, C, D und Cin, um 3 Ausgänge Sum, Carry und Cout zu erzeugen, wie in Abb. 3.17a gezeigt. Die 4 Eingänge A, B, C und D und der Ausgang Sum haben das gleiche Gewicht. Der Eingang Cin ist der Ausgang eines vorherigen niederwertigen Kompressors und der Ausgang Cout ist für den Kompressor in der nächsthöheren Stufe bestimmt. Der herkömmliche Ansatz zur Implementierung von 4-2-Kompressoren besteht aus 2 Volladdierern, die wie in Abb. 3.17b gezeigt in Reihe geschaltet sind.

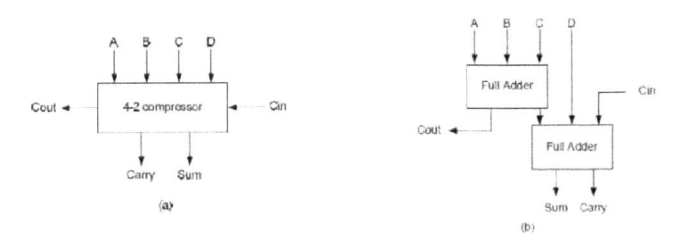

Abb. 3.17a 4:2-Addierer-Kompressor 3.17b 4:2-Addierer-Kompressoren mit Volladdierern

Die traditionelle Architektur ist in Abbildung 3.18a dargestellt und verwendet den CMOS-Logikstil der XOR- XNOR- und MUX-Module ähnlich wie die 3:2-Kompressoren. Diese Architektur wird durch die folgenden Gleichungen bestimmt: A+B+C+D+CIN= SUM+2(CARRY+COUT).

$$Sum = A \oplus B \oplus C \oplus D \oplus Cin$$

$$Cout = (A \oplus B) * C + \overline{(A \oplus B)} * A$$

$$Carry = (A \oplus B \oplus C \oplus D) * Cin + \overline{(A \oplus B \oplus C \oplus D)} * D$$

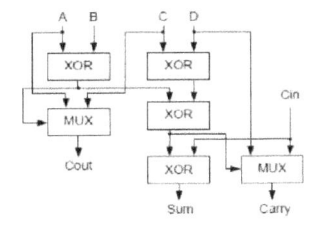

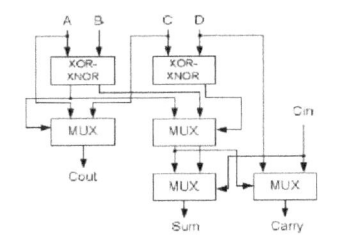

Abb. 3.18a Herkömmliche Architektur von 4:2-Kompressoren 3.18b Verbesserte Architektur mit den XOR- XNOR- und MUX-Modulen eines 4:2-Kompressors

Vorgeschlagenes 4:2-Volladdierer-Blockdiagramm:

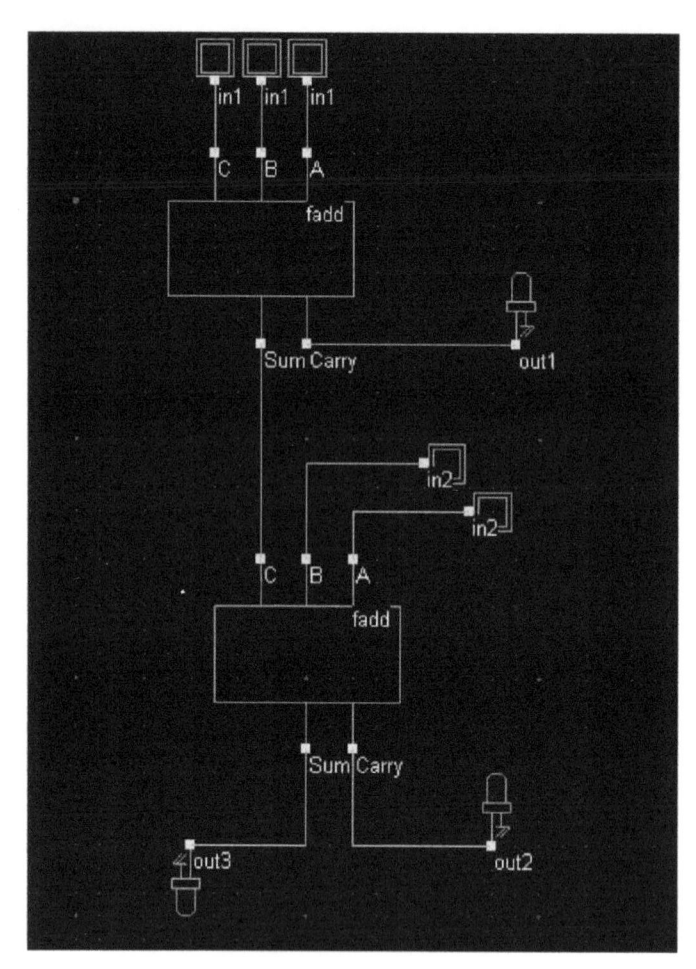

Abb. 3.19 DSCH-Design des vorgeschlagenen 4:2 FA-Blockdiagramms

Vorgeschlagene 4:2-Design-Wellenformen:

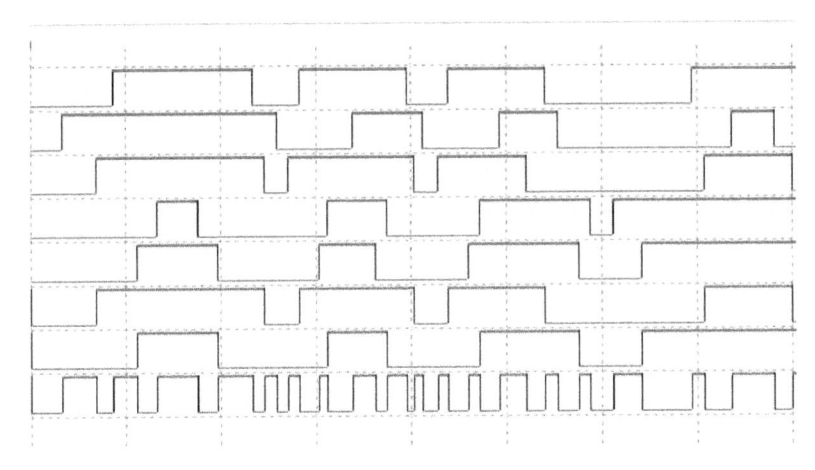

Abb. 3.20 DSCH-Design der vorgeschlagenen 4:2 FA-Wellenformen

Inputs				Cin = 0		Cin = 1		Cout
A	B	C	D	Carry	Sum	Carry	Sum	
0	0	0	0	0	0	0	1	0
0	0	0	1	0	1	1	0	0
0	0	1	0					
0	1	0	0					
1	0	0	0					
0	0	1	1	0	0	0	1	1
0	1	1	0					
1	1	0	0					
0	1	0	1					
1	0	1	0					
1	0	0	1					
0	1	1	1	0	1	1	0	1
1	1	1	0					
1	1	0	1					
1	1	1	0					
1	1	1	1	1	0	1	1	1

Tabelle 3 4:2 Verdichter-Wahrheitstabelle

3.5   Entwicklungsumgebung des Projekts:

Vorgeschlagener FA-Schaltkreisentwurf:

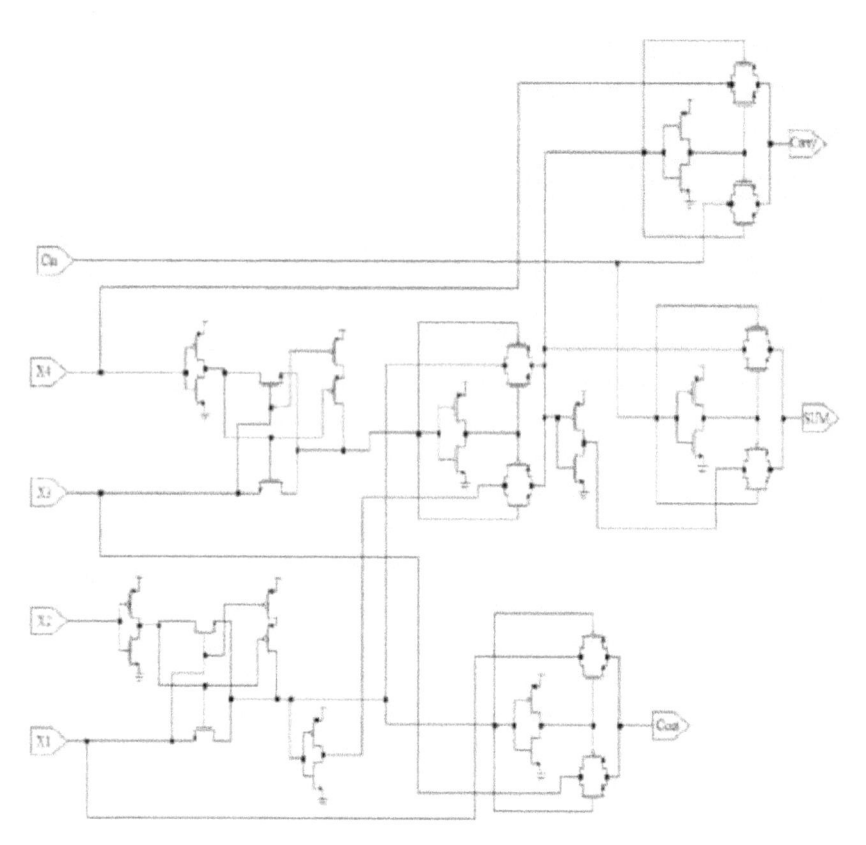

Abb. 3.21 Vorgeschlagener FA-Schaltkreisentwurf

DSCH Entwurf des vorgeschlagenen FA-Schaltkreises:

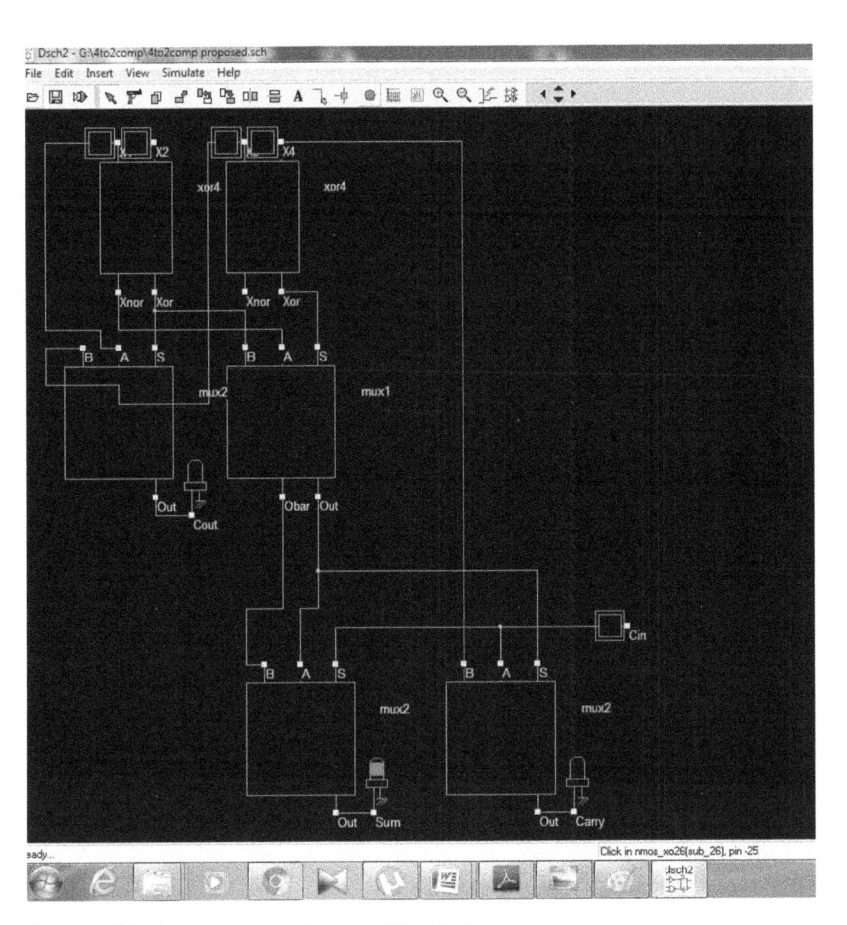

Abb. 3.22 DSCH-Entwurf der vorgeschlagenen 4:2 FA-Schaltung

Vorgeschlagene Schaltung 4:2 FA-Wellenformen:

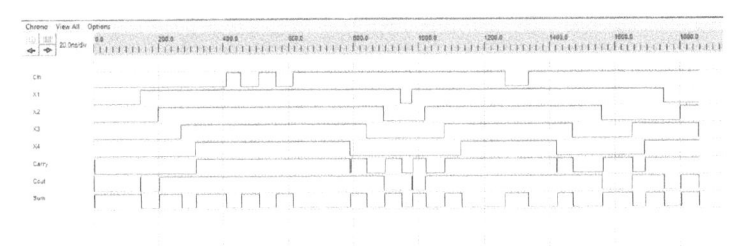

Abb. 3.23 DSCH-Design der vorgeschlagenen 4:2 FA-Schaltung Wellenformen

KAPITEL 4 SOFTWARE

4.1 Tanner Software:

Die heutigen Halbleiter und elektronischen Systeme sind so komplex, dass ihr Design ohne Electronic Design Automation (EDA) unmöglich wäre. Dieser Leitfaden bietet einen umfassenden Überblick über den elektronischen Designprozess und beschreibt dann, wie Designteams Cadence-Tools verwenden, um das bestmögliche Design in kürzester Zeit zu erstellen.

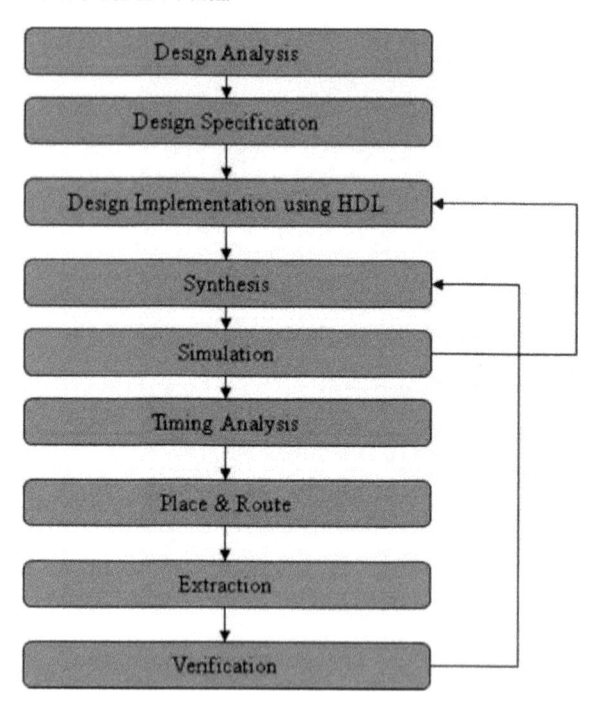

Abb. 4.1: Entwurfsablauf eines Gerberwerkzeugs

Design-Spezifikation:

In diesem Schritt wird die Leistung des Chips eindeutig festgelegt. Wenn wir z. B. einen Prozessor bauen, werden Datengröße, Prozessorgeschwindigkeit, spezielle Funktionen, Leistung usw. an diesem Punkt klar festgelegt. Es wird auch entschieden, wie der Entwurf umgesetzt werden soll. Es geht also um den architektonischen Teil des Entwurfs auf der höchstmöglichen Ebene. [1]

HDL:

Zur Durchführung der Simulationen wird die Hardware Description Language verwendet. Es ist sehr teuer, den gesamten Chip zu bauen und dann die Leistung der Architektur zu überprüfen. Stellen Sie sich vor, dass der Chip, nachdem er ein ganzes Jahr lang entwickelt wurde, nicht einmal annähernd den angegebenen Spezifikationen entspricht. Hardwarebeschreibungssprachen bieten eine Möglichkeit, einen Entwurf zu implementieren, ohne viel über die Architektur zu erfahren, und die Entwurfsleistung und -funktionalität zu simulieren und zu verifizieren.

Anstatt z. B. einen Mux-Entwurf in Hardware zu erstellen, können wir Verilog-Code schreiben und die Ausgabe auf einer höheren Abstraktionsebene verifizieren.

Beispiele für HDL: VHDL, Verilog HDL

Tanner EDA-Entwurfswerkzeuge:

- S-edit - ein Werkzeug zur Schaltplanerfassung
- T-SPICE - das in S-edit integrierte SPICE-Simulationsprogramm
- W-edit - Formatierung der Wellenform

Tanner-Werkzeuge:

- Tanner EDA ist eine Suite von Tools für den Entwurf integrierter Schaltungen.
- Tanner EDA wird hauptsächlich zur Analyse von Schaltungen auf Schalter- und Gatterebene verwendet.
- Schaltpläne eingeben
- SPICE-Simulationen durchführen
- Durchführung von Design Rule Checks (DRC) und Layout versus Schematic (LVS).

S-EDIT:

- S-Edit ist ein leistungsfähiges Design-Erfassungs- und Eingabewerkzeug, das direkt in T-Spice-Simulationen verwendbare Netzlisten erzeugen kann.
- Bietet eine integrierte Umgebung für die Bearbeitung von Schaltungen, das Einrichten und Ausführen von Simulationen und das Testen der Ergebnisse.
- Es bietet auch die Möglichkeit, SPICE-Simulationen der Schaltung durchzuführen.
- Diese Schaltungen können in ein physisches Layout übertragen werden.

T-SPICE:

- Es handelt sich um eine vollständige Lösung zur Erfassung und Simulation von Entwürfen, die Genauigkeit bietet.
- Die Aufgabe von T-Spice ist es, den Entwurf und die Überprüfung der Funktionsweise einer Schaltung zu unterstützen.
- Mit den Simulationsergebnissen von T-Spice können Schaltungsentwickler ihre Entwürfe verifizieren und feinabstimmen, bevor sie sie zur Fertigung einreichen.
- Führt schnelle und genaue Simulationen für analoge und Mixed-Signal-IC-Designs durch und unterstützt vollständig Foundry-Modelle für zuverlässige und genaue Simulationen.

T-SPICE vs. SPICE:

- T-Spice verwendet eine erweiterte Version von SPICE, die mit allen branchenüblichen SPICE-Simulationsprogrammen kompatibel ist.

- Geschwindigkeit: T-Spice bietet hochoptimierten Code für die Auswertung von Geräten.
- Es bietet auch die Möglichkeit, Transistormodelle auf Tabellenbasis zu bewerten, was die Simulationsgeschwindigkeit drastisch erhöht.

4.2 Mikro-Wind:

Layout-Entwurfsregeln für CMOS

Entwurfsregeln sind das Bindeglied zwischen dem Designer, der die Anforderungen festlegt, und dem Hersteller, der sie umsetzt. Entwurfsregeln werden verwendet, um praktikable Maskenlayouts zu erstellen, aus denen die verschiedenen Schichten in Silizium geformt oder strukturiert werden. Das Ziel eines Satzes von Entwurfsregeln ist es, eine fertige Übersetzung von Schaltungsentwurfskonzepten zu ermöglichen, normalerweise in Form eines symbolischen Stick-Diagramms in tatsächliche Geometrie in Silizium.

Die erste Gruppe von Gestaltungsregeln basiert auf Lambdas. Diese Regeln sind geradlinig und relativ einfach zu befolgen. Sie sind real und Chips können mit Hilfe des Lambda-basierten Regelsatzes aus dem Maskenlayout hergestellt werden. Alle Pfade in allen Schichten werden in Lambda 'λ' dimensioniert und anschließend kann Lambda ein geeigneter Wert zugewiesen werden, der mit der Feature-Größe des Herstellungsprozesses kompatibel ist.

Gestaltungsregeln

N well Design Rules:

r101   Minimum well size: 12 □

r102   Between wells: 12 □

r110   Minimum surface: 144 □^{2}

Regeln für die Diffusionsgestaltung:

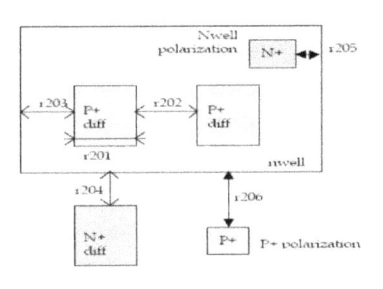

r201 Minimum N+ and P+ diffusion width: 4

r202 Between two P+ and N+ diffusions: 4

r203 Extra nwell after P+ diffusion: 6

r204 Between N+ diffusion and nwell: 6

r205 Border of well after N+ polarization 2

r206 Distance between Nwell and P+ polarization 6

r210 Minimum surface: 24 ^{2}

Polysilicon Design Rules:

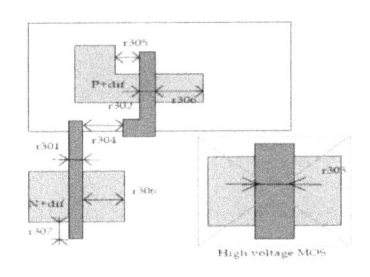

r301 Polysilicon width: 2

r302 Polysilicon gate on diffusion: 2

r303 Polysilicon gate on diffusion for high voltage MOS: 4

r304 Between two polysilicon boxes: 3

r305 Polysilicon vs. other diffusion: 2

r306 Diffusion after polysilicon: 4

r307 Extra gate after polysilicon: 3

r310 Minimum surface: 8 ^{2}

2nd Polysilicon Design Rules

r311 Polysilicon2 width: 2

r312 Polysilicon2 gate on diffusion: 2

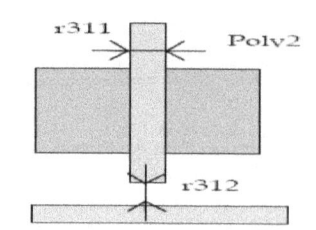

Option Design Rules

R0 pt Border of "option" layer over diff N+ and diff P+

Contact Design Rules

r401 Contact width: 2

r402 Between two contacts: 5

r403 Extra diffusion over contact: 2

r404 Extra poly over contact: 2

r405 Extra metal over contact: 2

r406 Distance between contact and poly gate: 3

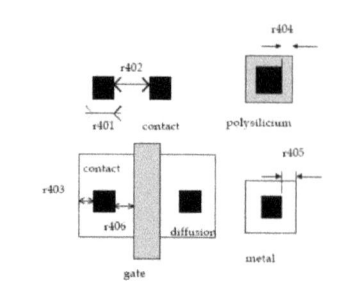

Metal & Via Design Rules

r501 Metal width: 4

r502 Between two metals: 4

r510 Minimum surface: 32 2

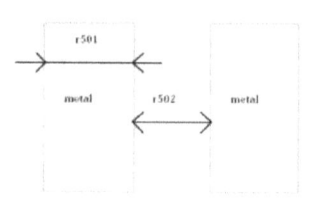

r601 Via width: 2

r602 Between two Via: 5

r603 Between Via and contact: 0

r604 Extra metal over via: 2

r605 Extra metal2 over via: 2

Metal2 & Via2 Design Rules

r701 Metal width: 4

r702 Between two metal2: 4

r710 Minimum surface: 32 λ^2

r801 Via2 width: 2

r802 Between two Via2: 5

r804 Extra metal2 over via2: 2

r805 Extra metal3 over via2: 2

Metal 3 & Via 3 Design Rules

r901 Metal3 width: 4

r902 Between two metal3: 4

r910 Minimum surface: 32 λ^2

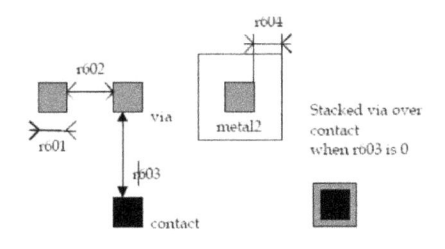

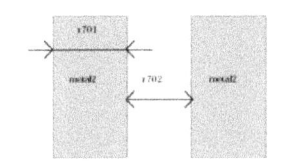

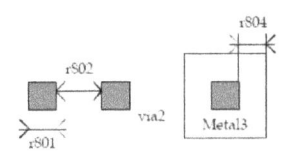

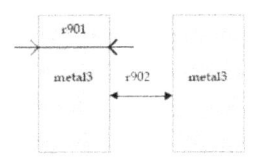

ra01 Via3 width: 2 □

ra02 Between two Via3: 5 □

ra04 Extra metal3 over via3: 2 □

ra05 Extra metal4 over via3: 2 □

rb01 Metal4 width: 4 □

rb02 Between two metal4: 4 □

rb10 Minimum surface: 32 $□^2$

rc01 Via4 width: 2 □

rc02 Between two Via4: 5 □

rc04 Extra metal4 over via2: 3 □

rc05 Extra metal5 over via2: 3 □

Metal 5 & Via 5 Design Rules

rd01 Metal5 width: 8 □

rd02 Between two metal5: 8 □

rd10 Minimum surface: 100 □ 2

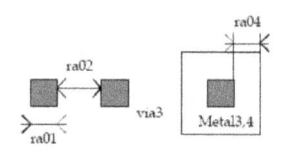

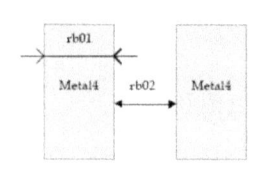

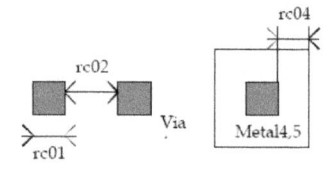

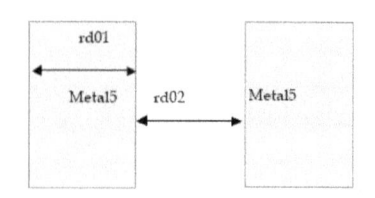

re01 Via5 width: 4 □

re02 Between two Via5: 6 □

re04 Extra metal5 over via5: 3 □

re05 Extra metal6 over via5: 3 □

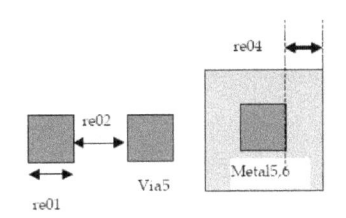

Metal 6 Design Rules

rf01 Metal6 width: 8 □

rf02 Between two metal6: 15 □

rf10 Minimum surface: 300

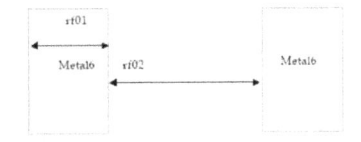

Pad Design Rules

rp01 Pad width: 100 µm

rp02 Between two pads 100 µm

rp03 Opening in passivation v.s via: 5µm

rp04 Opening in passivation v.s metals: 5µm

rp05 Between pad and unrelated active area: 20 µm

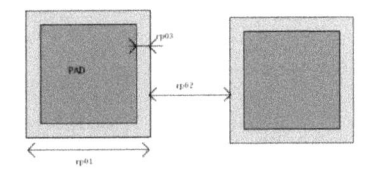

Micro wind 3.5 menus

FILE MENU

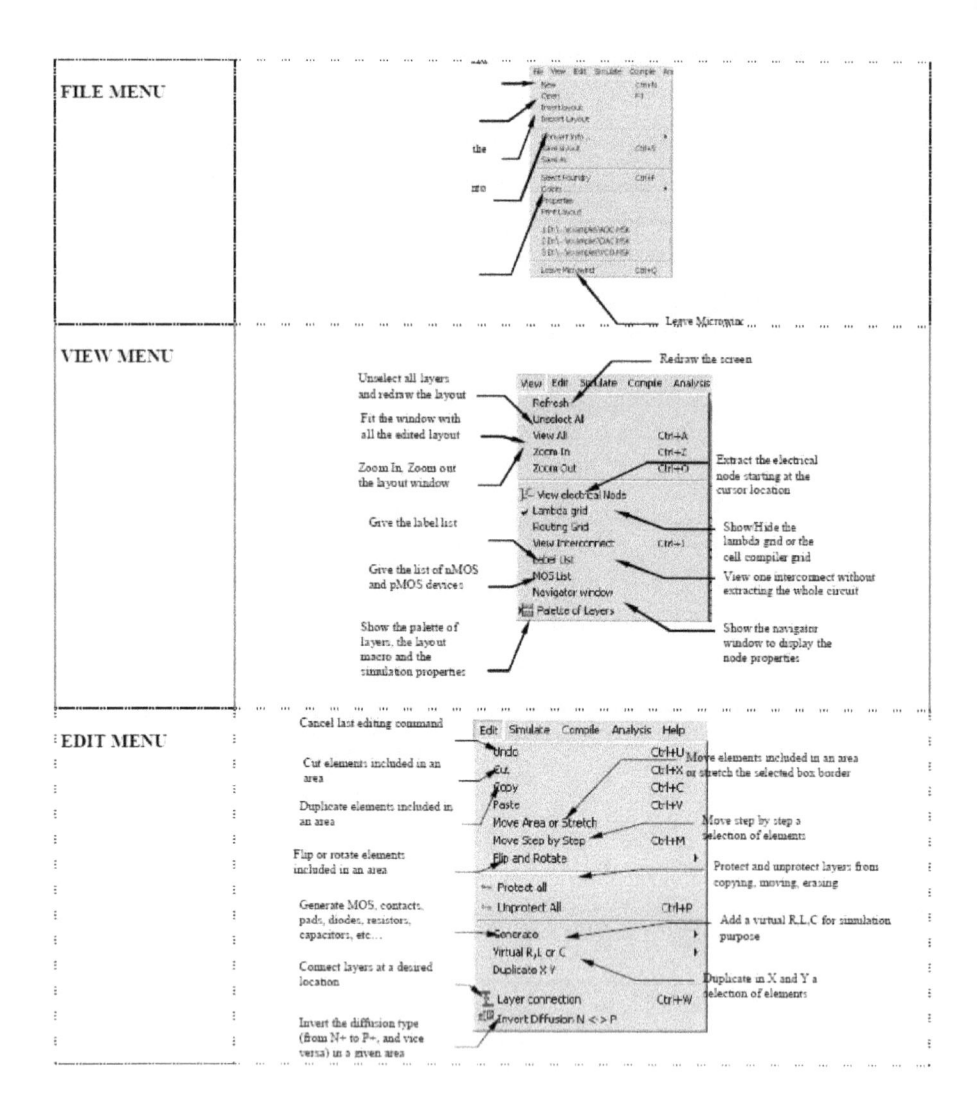

	File View Edit Simulate Compile Ana
	New Ctrl+N
the	Open F3
	Insert Layout
	Import Layout
nto	Project Info
	Save As/Out Ctrl+S
	Save As
	Select Foundry
	Colors Ctrl+F
	Properties
	Print Layout
	2 D /_ \examples\AOI.MSK
	2 D /_ \examples\DAC.MSK
	3 D /_ \examples\PCB.MSK
	Leave Microwind Ctrl+Q

Leave Microwind

VIEW MENU

Redraw the screen

	View Edit Simulate Compile Analysis	
Unselect all layers and redraw the layout	Refresh	
	Unselect All	
Fit the window with all the edited layout	View All Ctrl+A	
	Zoom In Ctrl+Z	
Zoom In, Zoom out the layout window	Zoom Out Ctrl+O	Extract the electrical node starting at the cursor location
	View electrical Node	
	✓ Lambda grid	
Give the label list	Routing Grid	Show/Hide the lambda grid or the cell compiler grid
	View Interconnect Ctrl+I	
	Label list	
Give the list of nMOS and pMOS devices	MOS List	View one interconnect without extracting the whole circuit
	Navigator window	
	Palette of Layers	
Show the palette of layers, the layout macro and the simulation properties		Show the navigator window to display the node properties

EDIT MENU

	Edit Simulate Compile Analysis Help	
Cancel last editing command	Undo Ctrl+U	Move elements included in an area
Cut elements included in an area	Cut Ctrl+X	or stretch the selected box border
	Copy Ctrl+C	
Duplicate elements included in an area	Paste Ctrl+V	
	Move Area or Stretch	
	Move Step by Step Ctrl+M	Move step by step a selection of elements
Flip or rotate elements included in an area	Flip and Rotate	
	Protect all	Protect and unprotect layers from copying, moving, erasing
Generate MOS, contacts, pads, diodes, resistors, capacitors, etc...	Unprotect All Ctrl+P	Add a virtual R,L,C for simulation purpose
	Generate	
	Virtual R,L or C	
Connect layers at a desired location	Duplicate X Y	Duplicate in X and Y a selection of elements
	Layer connection Ctrl+W	
Invert the diffusion type (from N+ to P+, and vice versa) in a given area	Invert Diffusion N <> P	

42

SIMULATE MENU

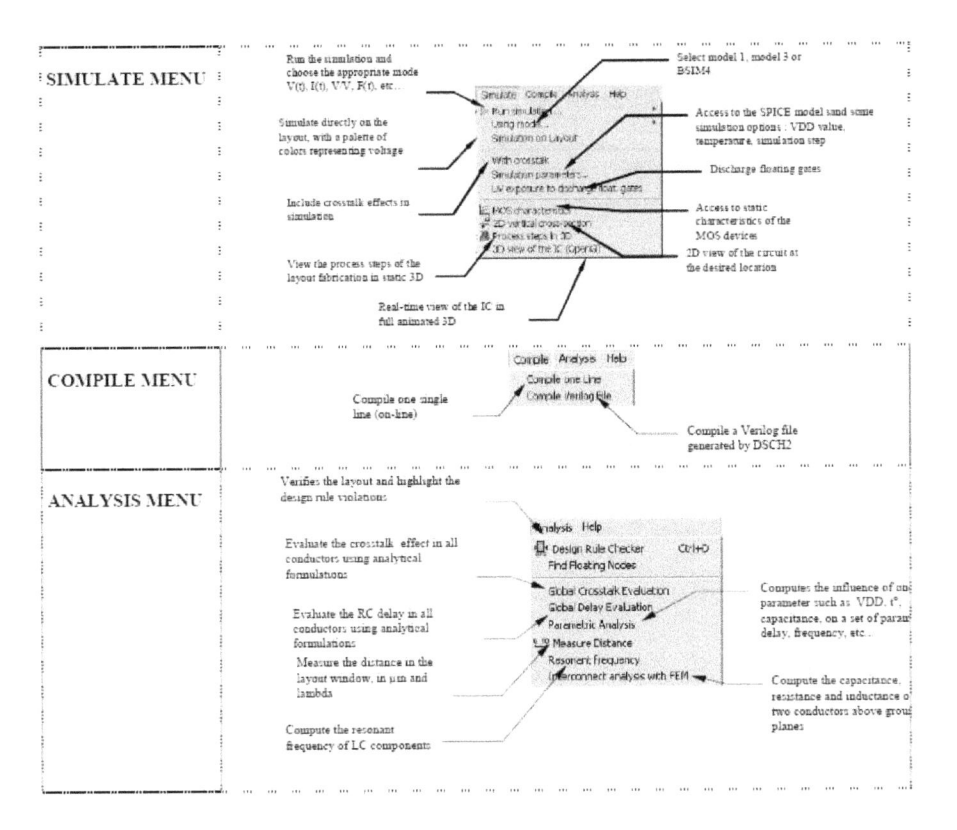

Run the simulation and choose the appropriate mode V(t), I(t), V-V, F(t), etc...

Select model 1, model 3 or BSIM4

Simulate directly on the layout, with a palette of colors representing voltage

Access to the SPICE models and some simulation options: VDD value, temperature, simulation step

Include crosstalk effects in simulation

Discharge floating gates

View the process steps of the layout fabrication in static 3D

Access to static characteristics of the MOS devices

2D view of the circuit at the desired location

Real-time view of the IC in full animated 3D

Menu items:
- Run simulation
- Using models...
- Simulation on Layout
- With crosstalk
- Simulation parameters...
- UV exposure to discharge float. gates
- MOS characteristics
- 2D vertical cross-section
- Process steps in 3D
- 3D view of the IC (OpenGL)

COMPILE MENU

Compile one single line (on-line)

Compile a Verilog file generated by DSCH2

Menu items:
- Compile one Line
- Compile Verilog file

ANALYSIS MENU

Verifies the layout and highlight the design rule violations

Evaluate the crosstalk effect in all conductors using analytical formulations

Computes the influence of one parameter such as VDD, t°, capacitance, on a set of param: delay, frequency, etc...

Evaluate the RC delay in all conductors using analytical formulations

Measure the distance in the layout window, in µm and lambda

Compute the capacitance, resistance and inductance of two conductors above groun planes

Compute the resonant frequency of LC components

Menu items:
- Design Rule Checker   Ctrl+O
- Find Floating Nodes
- Global Crosstalk Evaluation
- Global Delay Evaluation
- Parametric Analysis
- Measure Distance
- Resonant frequency
- Interconnect analysis with FEM

43

PALETTE

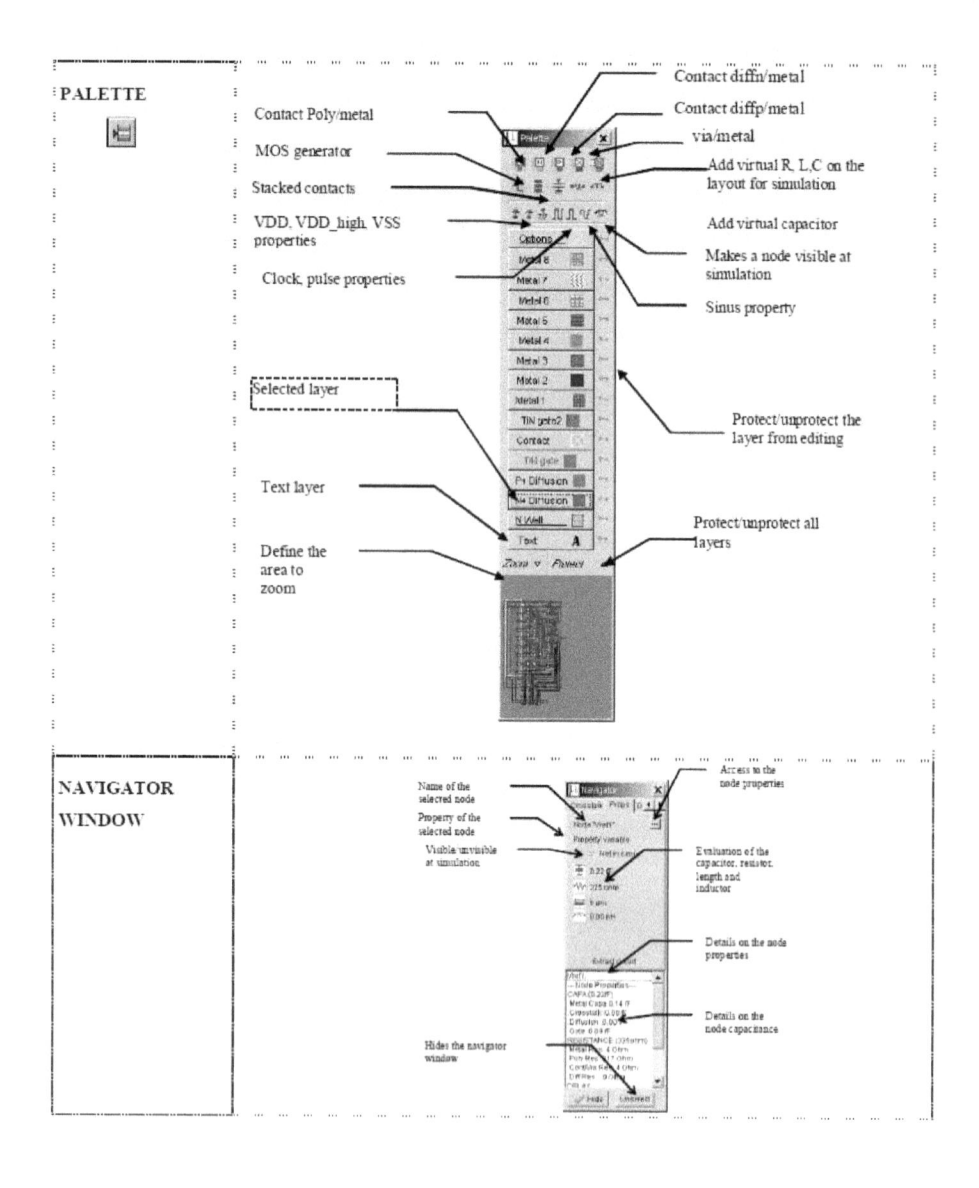

- Contact Poly/metal
- MOS generator
- Stacked contacts
- VDD, VDD_high, VSS properties
- Clock, pulse properties
- Selected layer
- Text layer
- Define the area to zoom

- Contact diffn/metal
- Contact diffp/metal
- via/metal
- Add virtual R, L, C on the layout for simulation
- Add virtual capacitor
- Makes a node visible at simulation
- Sinus property
- Protect/unprotect the layer from editing
- Protect/unprotect all layers

NAVIGATOR WINDOW

- Name of the selected node
- Property of the selected node
- Visible/invisible at simulation
- Hides the navigator window

- Access to the node properties
- Evaluation of the capacitor, resistor, length and inductor
- Details on the node properties
- Details on the node capacitance

44

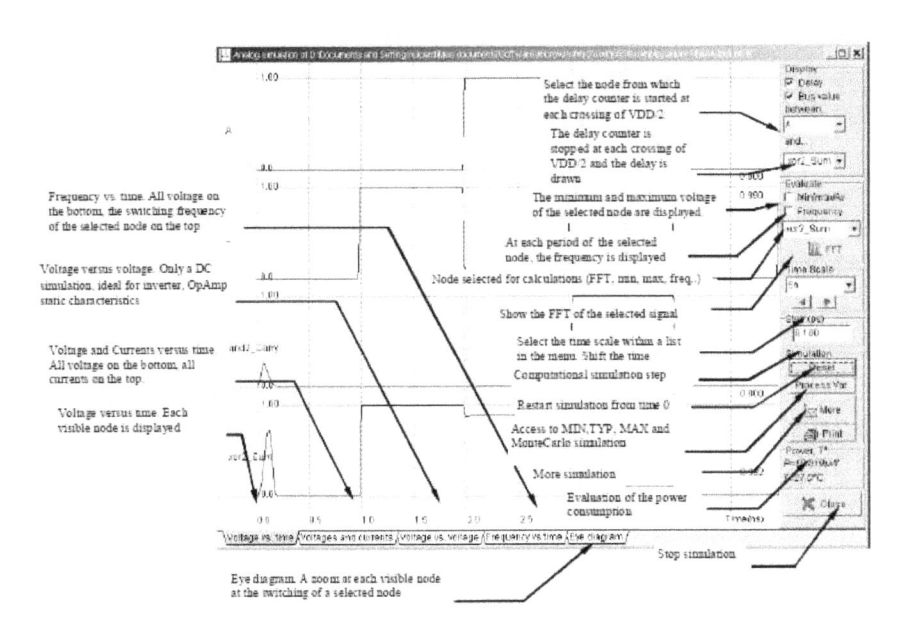

4.3 DSCH-LISTE DER SYMBOLE:

📂	Open a layout file (MSK format)	▶	Extract and simulate the circuit
💾	Save the layout file in MSK format	0.10	Measure the distance in lambda and micron between two points
	Draw a box using the selected layer of the palette		2D vertical aspect of the device
	Delete boxes or text.	3D	Animated 3D view of the layout using OpenGL
	Copy boxes or text		Step by step fabrication of the layout in 3D
	Stretch or move elements		Design rule checking of the circuit. Errors are notified in the layout
🔍	Zoom In	A	Add a text to the layout. The text may include simulation properties.
🔍	Zoom Out		Connect the lower to the upper layers at the desired location using appropriate contacts.
	View all the drawing		Static MOS characteristics
	Extract and view the electrical node pointed by the cursor		View the palette
		◀✥▶	Move the layout up, left, right, down

DSCH MENÜS

Menü "Datei"

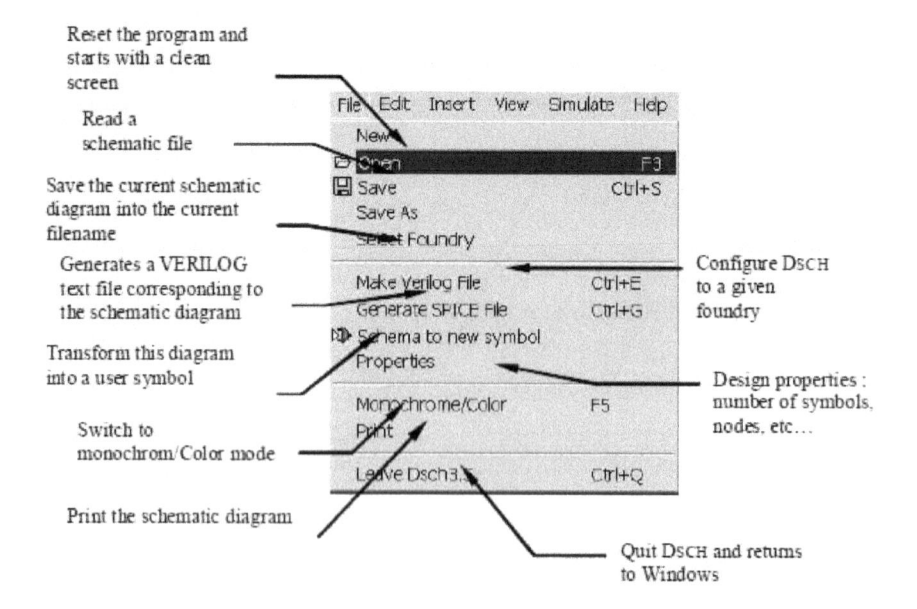

Reset the program and starts with a clean screen

Read a schematic file

Save the current schematic diagram into the current filename

Generates a VERILOG text file corresponding to the schematic diagram

Transform this diagram into a user symbol

Switch to monochrom/Color mode

Print the schematic diagram

Configure DSCH to a given foundry

Design properties: number of symbols, nodes, etc...

Quit DSCH and returns to Windows

Menü Bearbeiten

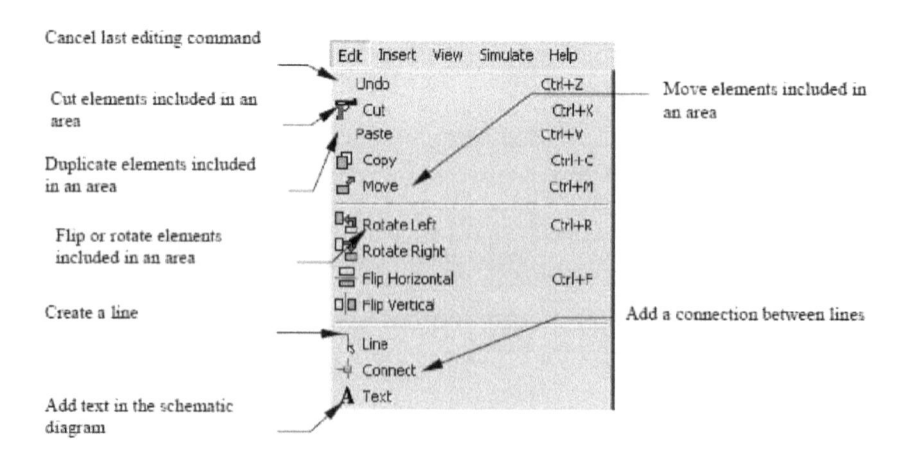

Cancel last editing command

Cut elements included in an area

Duplicate elements included in an area

Flip or rotate elements included in an area

Create a line

Add text in the schematic diagram

Move elements included in an area

Add a connection between lines

Menü einfügen

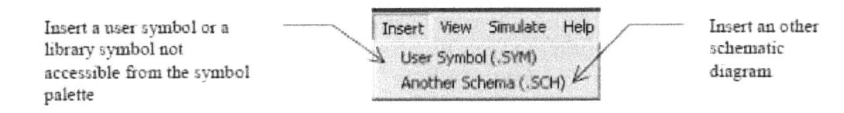

Insert a user symbol or a library symbol not accessible from the symbol palette

Insert an other schematic diagram

Menü ansehen

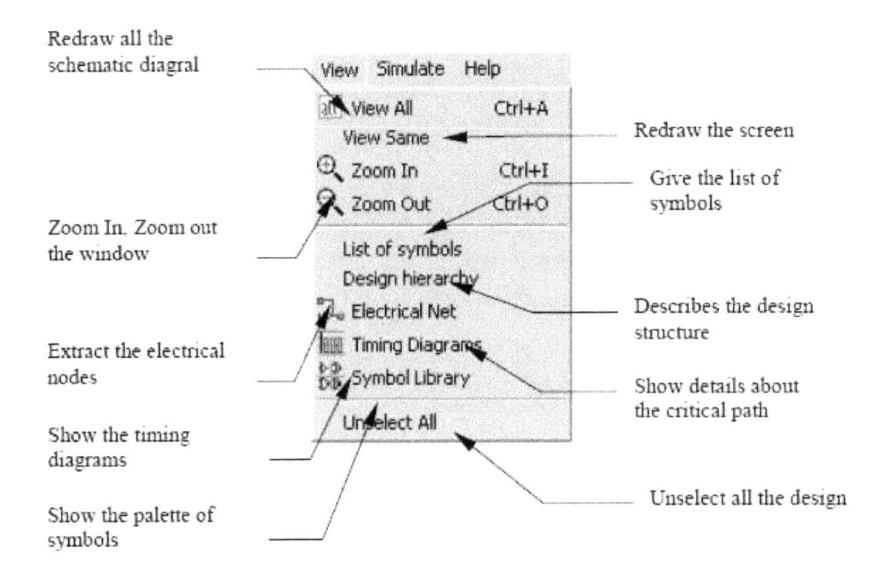

Redraw all the schematic diagral

Redraw the screen

Give the list of symbols

Zoom In, Zoom out the window

Describes the design structure

Extract the electrical nodes

Show details about the critical path

Show the timing diagrams

Unselect all the design

Show the palette of symbols

Menü "Simulieren"

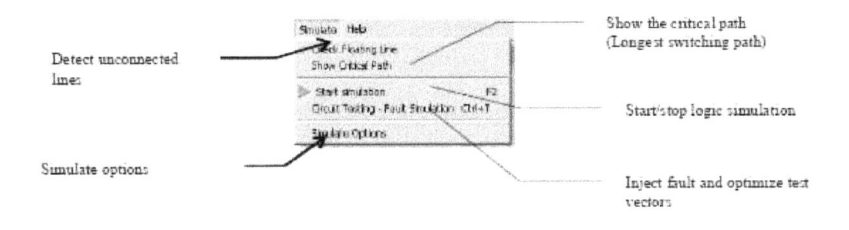

Detect unconnected lines

Show the critical path (Longest switching path)

Start/stop logic simulation

Simulate options

Inject fault and optimize test vectors

Symbol-Palette

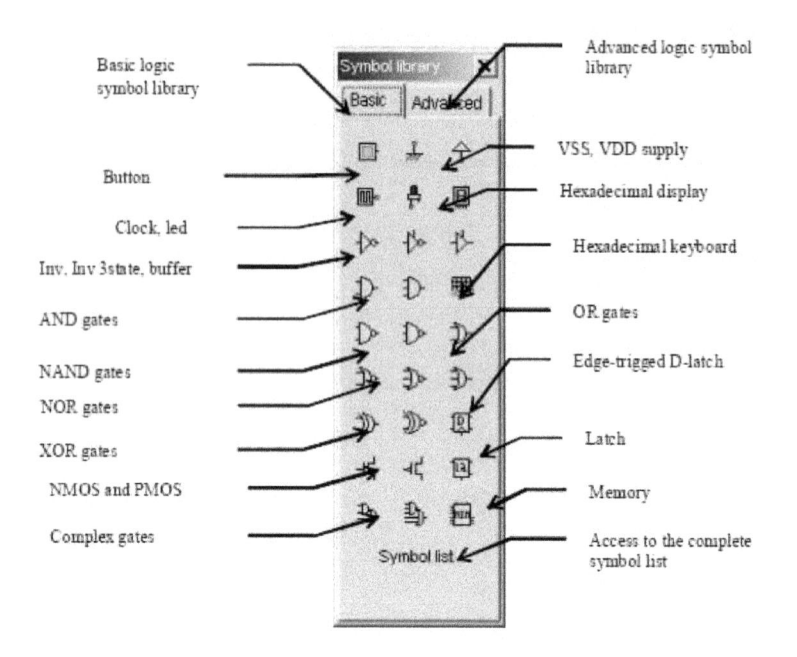

KAPITEL 5 ERGEBNISSE

5.1 SIMULATION UND ERGEBNISSE:

Die folgenden Tabellen zeigen die Stromverbrauchswerte von XOR /XNOR mit verschiedenen Logikarten-Implementierungen

Schaltung	Stromverbrauch
Statisches CMOS	1,154930e-005 Watt
12 Transistor XOR/XNOR	6,147548e-006 Watt
CPL	1,162697e-006 Watt
Vorgeschlagene	1,122486e-006 Watt

Tabelle 4 Vergleich der Leistungsaufnahme von XOR/XNOR

Für statisches CMOS von XOR/XNOR-Design siehe Seite Nr. 63

Für CMOS von 12T XOR/XNOR Design siehe Seite Nr.64

Für CMOS von CPL XOR/XNOR Design siehe Seite Nr. 65

CMOS-Vorschlag für XOR/XNOR-Design siehe Seite 28.

Die folgenden Tabellen zeigen die Stromverbrauchswerte von MUX mit verschiedenen Logikarten

Schaltung	Stromverbrauch
Statischer CMOS-MUX	8,354183e-006 Watt
Vorgeschlagener MUX	7,478367e-008 Watt

Tabelle 5 Vergleich der Leistungsaufnahme von MUX

Statischer CMOS-MUX-Entwurf siehe Seite 25.

Für das vorgeschlagene MUX-Design siehe Seite Nr. 27.

Die nachstehenden Tabellen zeigen die Leistungsaufnahme von 4:2-Kompressoren mit verschiedenen Logikausführungen

Schaltung	Stromverbrauch
Statisches 4:2-Design	1,141644e-005 Watt
Vorgeschlagenes 4:2 Design	6,064625e-006 Watt

Tabelle 6 Vergleich des Stromverbrauchs von 4:2-Designs

Statisches 4:2-Design siehe Seite 61.

Vorgeschlagenes 4:2-Design siehe Seite 36.

5.2 LAYOUT-ENTWÜRFE FÜR VORGESCHLAGENE SYSTEME:

Vorgeschlagenes CMOS XOR/XNOR Layout:

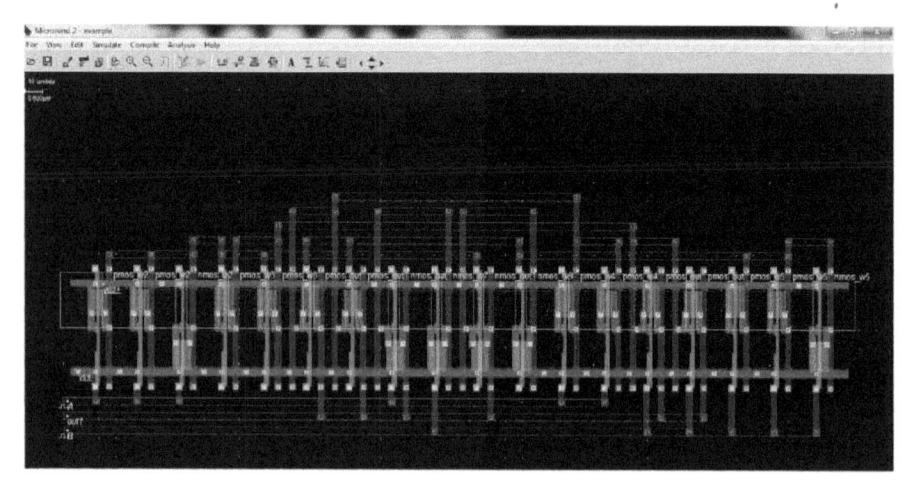

Abb. 5.1 Vorgeschlagenes CMOS-XOR/XNOR-Layout

Vorgeschlagenes CMOS-MUX-Layout:

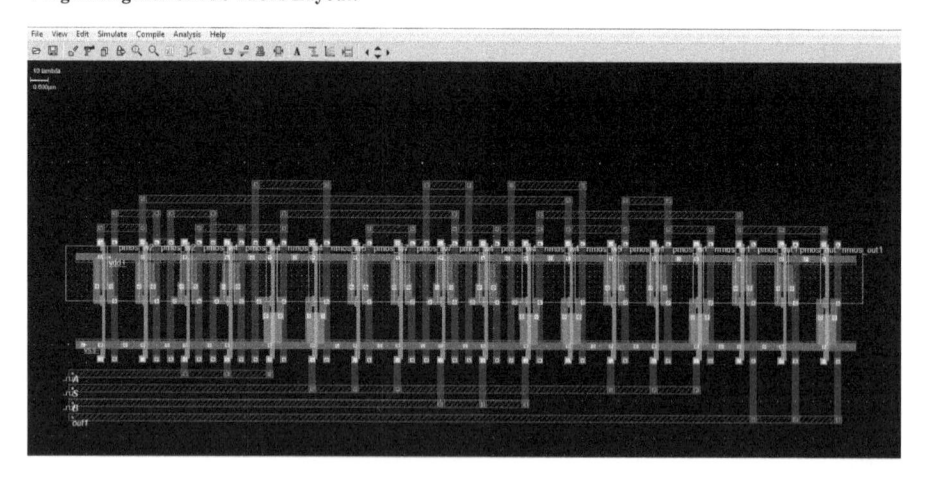

Abb. 5.2 Vorgeschlagenes CMOS-MUX-Layout

Schematischer Entwurf des vorgeschlagenen 4:2-Kompressors:

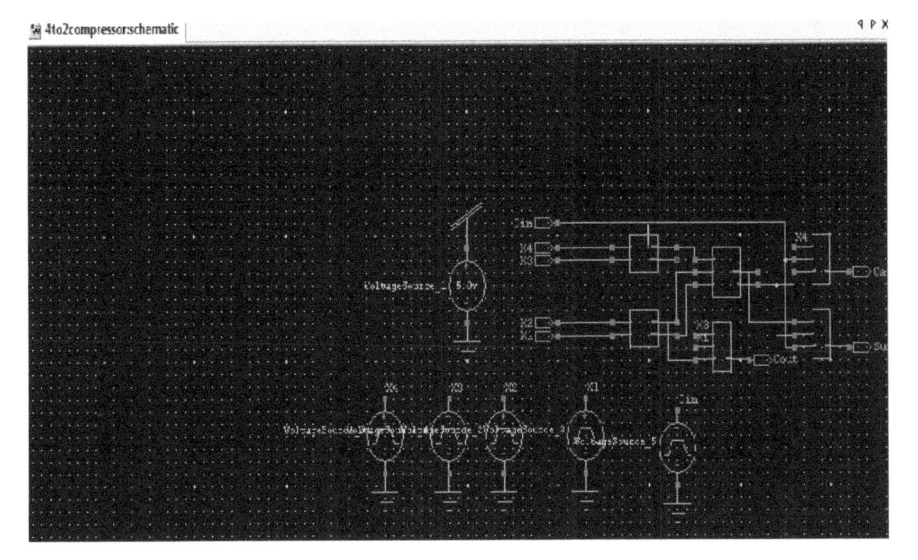

Abb. 5.3 Schematischer Aufbau des vorgeschlagenen 4:2-Verdichters

Vorgeschlagene 4:2-Kompressor-Simulationen:

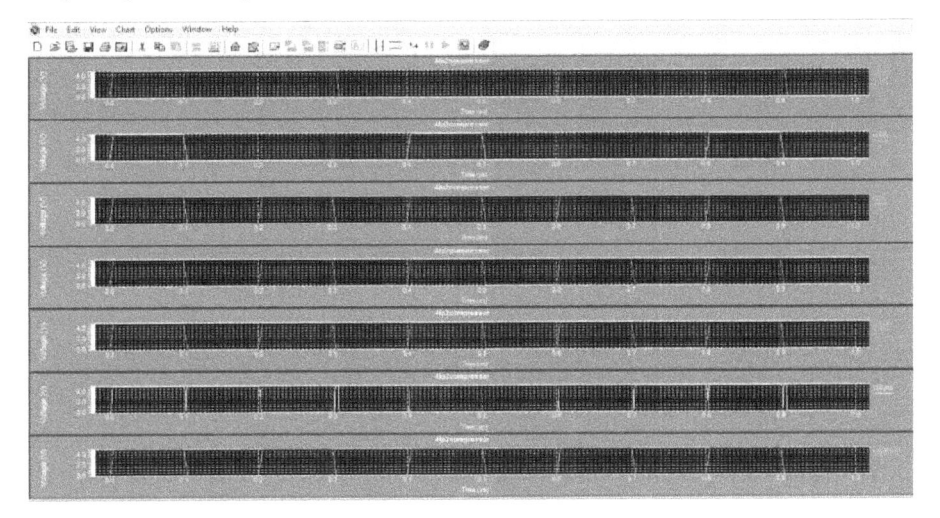

Abb. 5.4 Vorgeschlagener 4:2-Kompressor Schematischer Entwurf Wellenformen

Vorgeschlagene 4:2-Kompressorauslegung:

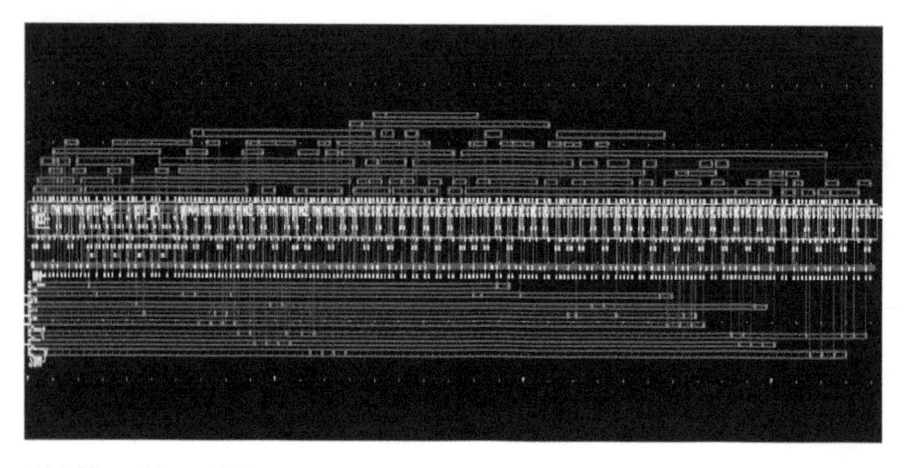

Abb. 5.5 Vorgeschlagene 4:2-Kompressorkonstruktion

Vorgeschlagene 4:2-Kompressorauslegung Spannungen gegen Zeit Wellenformen:

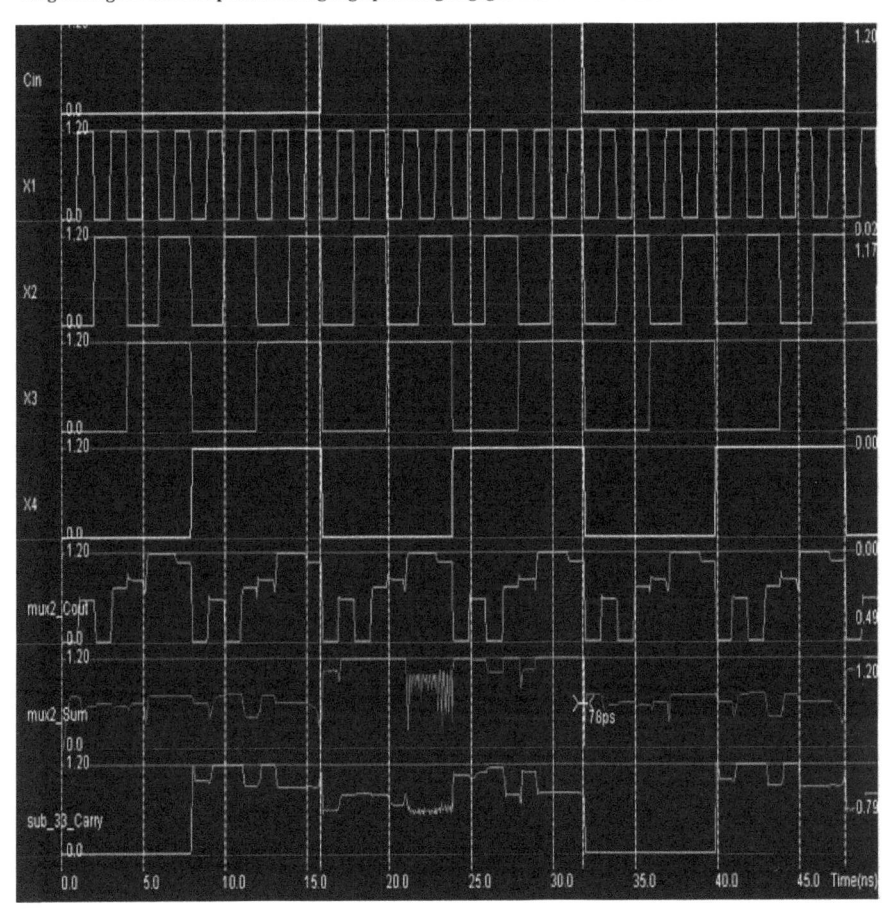

Abb. 5.6 Vorgeschlagener 4:2-Verdichterentwurf Spannungen über Zeitkurven

Vorgeschlagene 4:2 Kompressorauslegung Spannungs- und Stromwellenformen:

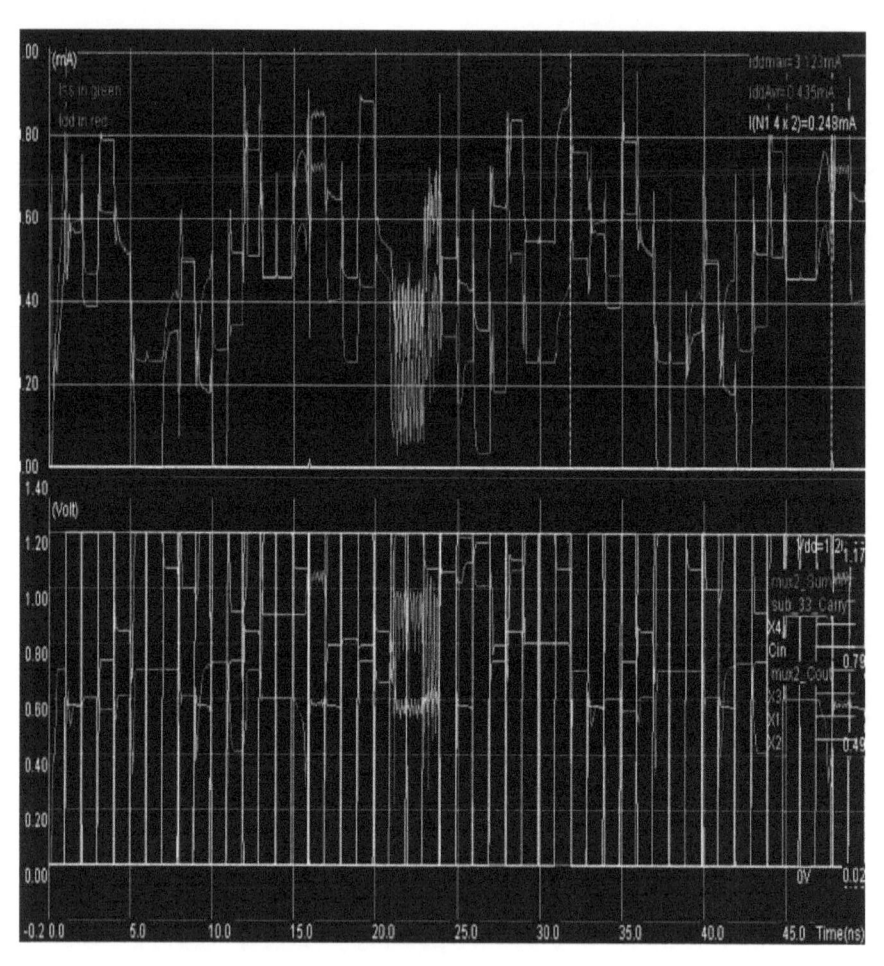

Abb. 5.7 Vorgeschlagenes 4:2-Verdichterdesign Spannungs- und Stromkurven

5.3 LAYOUT-ENTWÜRFE FÜR BESTEHENDE SYSTEME:

Statisches CMOS XOR/XNOR-Layout:

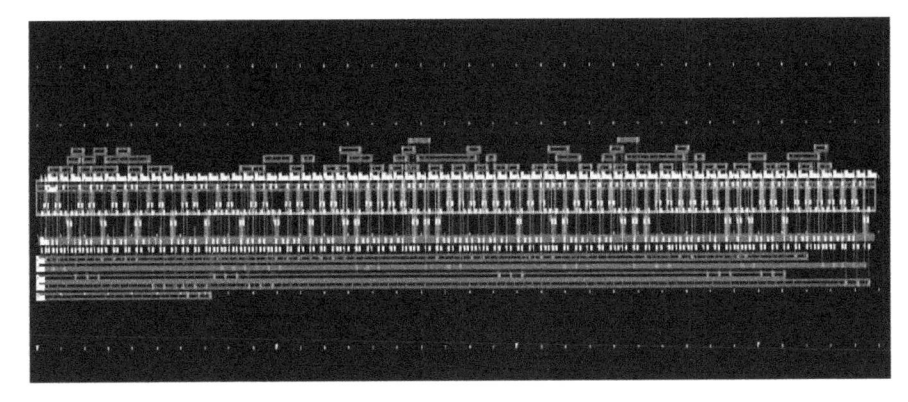

Abb. 5.8 Statisches CMOS-XOR/XNOR-Layout

Statisches CMOS-MUX-Layout:

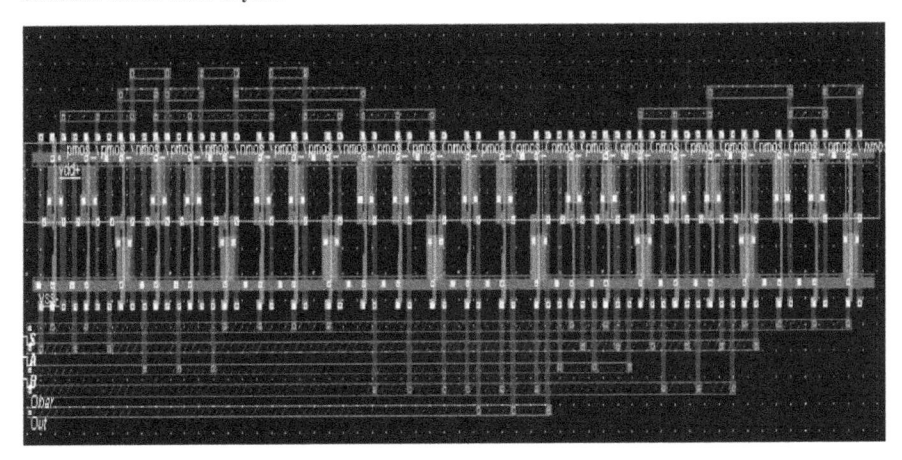

Abb. 5.9 Statischer CMOS-MUX-Layout

Schematischer Entwurf eines statischen 4:2-Verdichters:

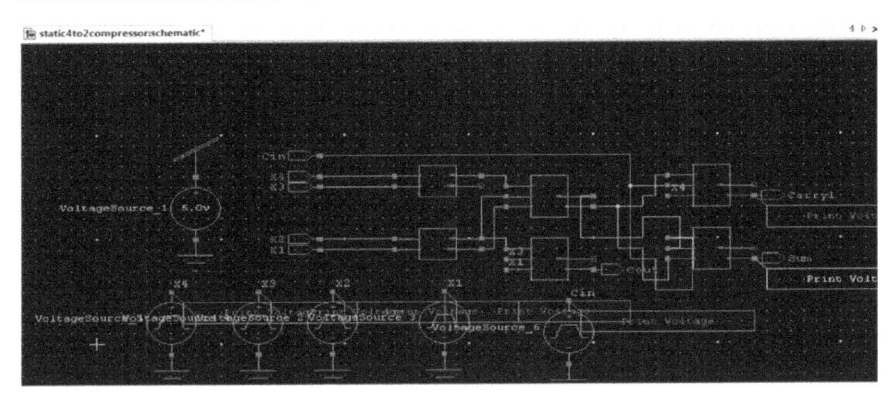

Abb. 5.10 Schematischer Aufbau eines statischen 4:2-Verdichters

Statischer 4:2-Kompressor Schematischer Entwurf Wellenformen:

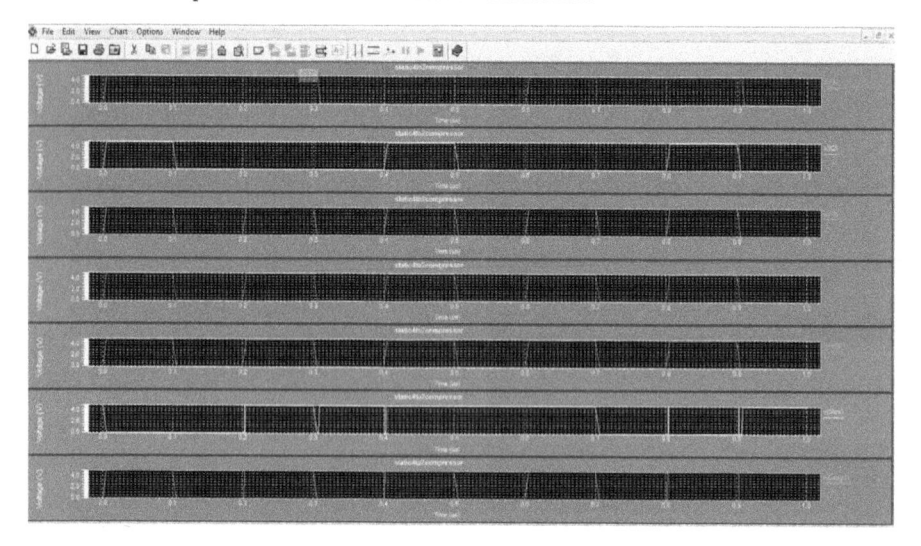

Abb. 5.11 Statischer 4:2-Kompressor Schematischer Entwurf der Wellenformen

Vorhandene 4:2-Kompressorauslegung:

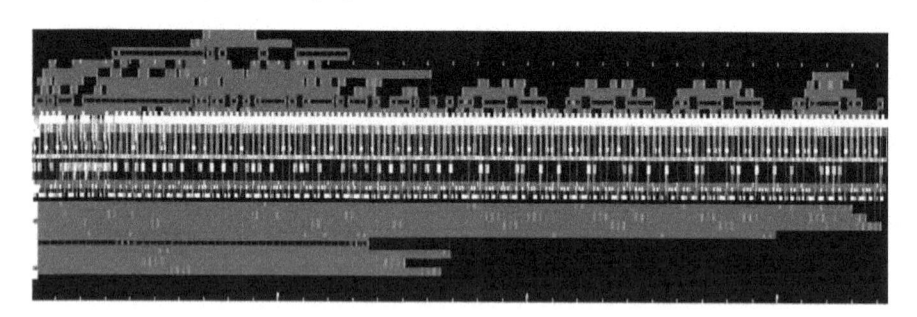

Abb. 5.12 Bestehende 4:2-Verdichterauslegung

Vorhandene 4:2-Kompressorauslegung Spannungs-Zeit-Kurvenformen:

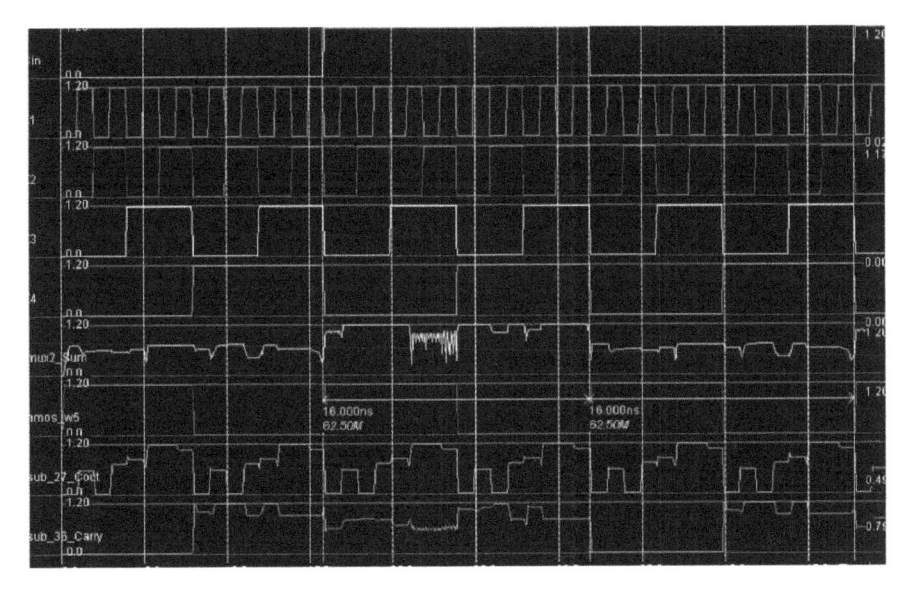

Abb. 5.13 Vorhandene 4:2-Kompressorauslegung Spannungen gegen Zeitkurven

5.4 BESTEHENDE CMOS-ENTWÜRFE MIT DSCH TOOL

Statischer CMOS-XOR/XNOR-Entwurf:

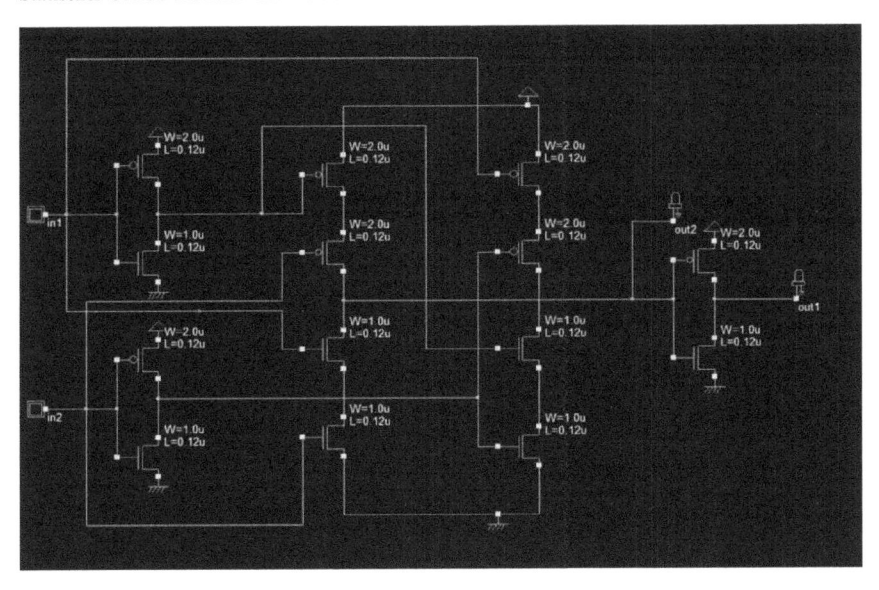

Abb. 5.14 DSCH Statisches CMOS-XOR/XNOR-Design

Statische CMOS XOR/XNOR-Entwurfswellenformen:

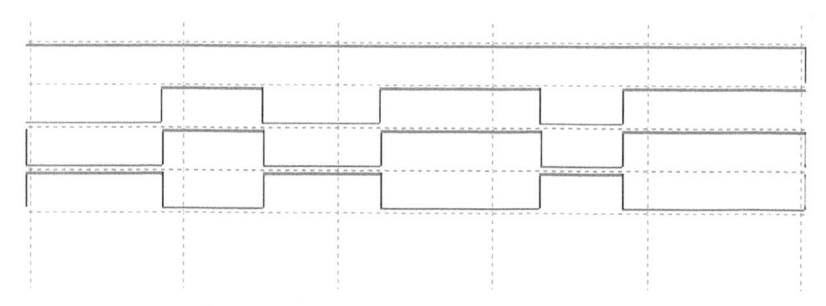

Abb. 5.15 DSCH Static CMOS XOR/XNOR Design Wellenformen

12T XOR/XNOR-Design:

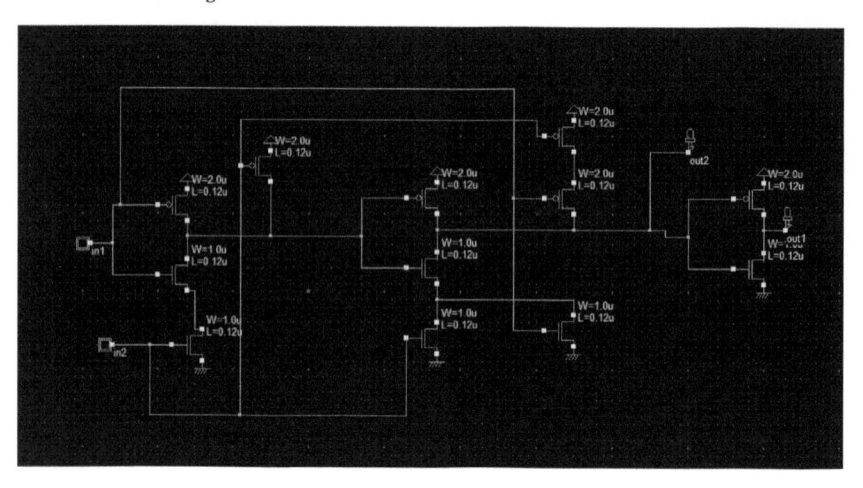

Abb. 5.16 DSCH 12T XOR/XNOR Entwurf

12T XOR/XNOR-Design-Wellenformen:

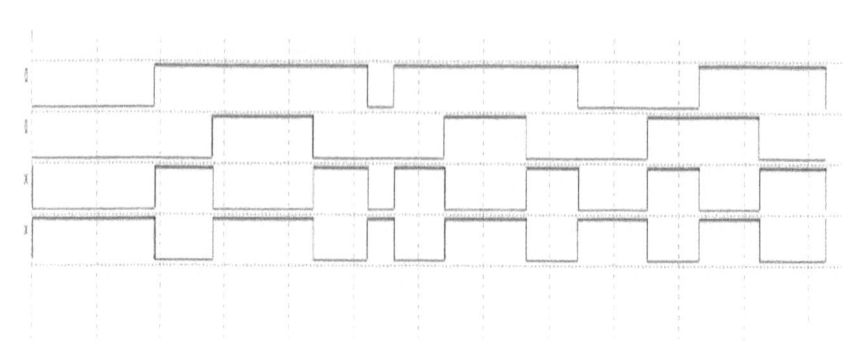

Abb. 5.17 DSCH 12T XOR/XNOR-Design-Wellenformen

CPL XOR/XNOR Entwurf:

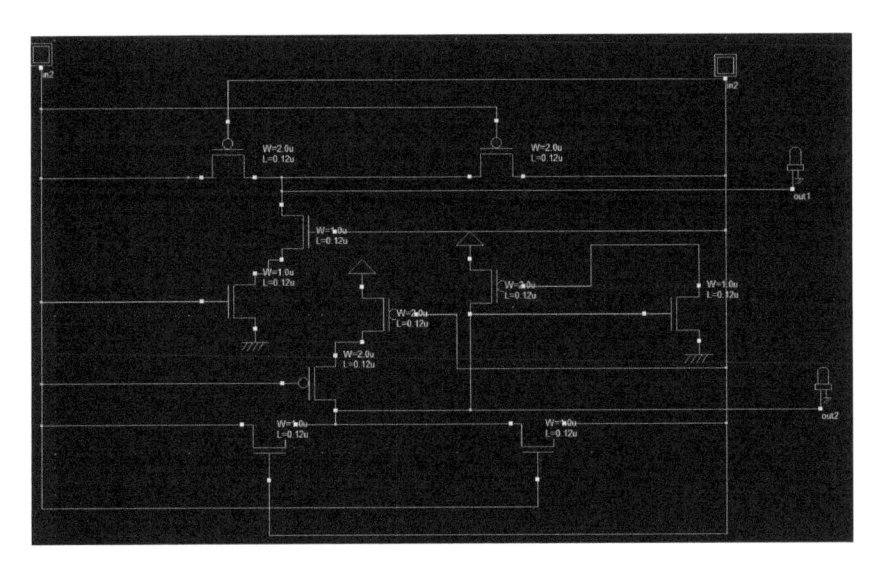

Abb. 5.18 DSCH CPL XOR/XNOR Entwurf

CPL XOR/XNOR-Design-Wellenformen:

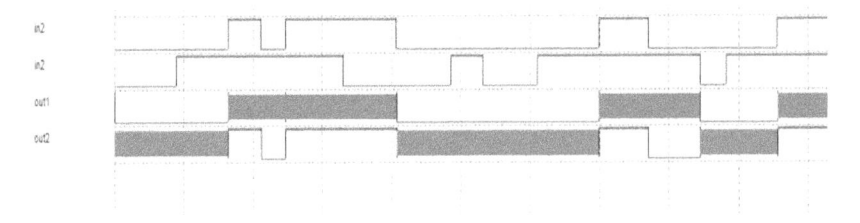

Abb. 5.19 DSCH CPL XOR/XNOR Design-Wellenformen

SCHLUSSFOLGERUNG

Es wurde eine 4-2-Kompressorschaltung auf der Grundlage eines neuen XOR-XNOR-Designs vorgeschlagen, die eine bessere Leistung bietet. Das vorgeschlagene XOR-XNOR-Design weist eine Leistungsaufnahme von 1,122486e-006 pW auf. Die vorgeschlagene 4-2-Kompressorschaltung weist eine Leistungsaufnahme von 6,064625e-006 pW auf. Die Leistung dieser Schaltung wurde in Bezug auf Leistungsaufnahme, maximale Ausgangsverzögerung und Leistungsverzögerungsprodukt (PDP) mit früher berichteten Schaltungen verglichen. Das Ergebnis der vorgeschlagenen Schaltung zeigt in allen Aspekten eine bessere Leistung als bestehende Schaltungen.

ZUKÜNFTIGE AUSRICHTUNG

In diesem Projekt wird die Implementierung des Kompressors bis zu 4:2 gezeigt. In Zukunft können wir das Design auf 5:2, 9:2 oder 11:2 und so weiter erweitern, um das Kompressionsverhältnis zu erhöhen. Die Architektur des 4:2-Kompressors wird anhand von CMOS- und CMOS+-Implementierungen von XOR- und MUX-Blöcken analysiert. Es wurden neue 4:2-Kompressorarchitekturen vorgeschlagen und mit den bestehenden Architekturen verglichen. Später implementieren wir die 5:2-Kompressoren mit denselben Blöcken.

REFERENZEN

1 Modern VLSI Design vierte Auflage Lehrbuch Wayne Wolf.

2 CMOS-VLSI-Design, dritte Ausgabe, Lehrbuch von Neil H.E. Weste, David Harris, Ayan Banerjee.

3 Basic VLSI Design dritte Ausgabe Lehrbuch von Douglas A. Pucknell, Kamran Eshraghian.

4 N. Weste, K. Eshranghian, Principles of CMOS VLSI Design: Eine Systemperspektive, Reading MA: Addison-Wesley, 1993.

5 Manoj Kumar, Sandeep K. Arya, Sujata Pandey, "Single bit full adder design using 8 transistors with novel 3 transistors XNOR gate," International Journal of VLSI Design & Communication Systems, vol. 2, pp. 47-59, Dec. 2011.

6 Z. Wang, G. A. Jullien, and W. C. Miller, "A new design technique for column compression multipliers," IEEE Trans. Computer., vol. 44, pp. 962-970, Aug. 1995.

7 M. Shams, T. K. Darwish, und M. A. Bayoumi, "Performance analysis of low-power 1-bit CMOS full adder cells, "IEEE Trans. VLSI Syst., Bd. 10, S. 20-29, Jan. 2002.

8 Manoj Kumar, Sujata Pandey und Sandeep K. Arya, "Design of CMOS Energy Efficient Single Bit Full Adder," Book Chapter of Communications in Computer and Information Science, Springer- Verlag Berlin Heidelberg, CCIS 169, pp. 159-168, Jul. 2011.

9 S.F. Hsiao, M.R. Jiang, J.S. Yeh, "Design of high low power 3-2 counter and 4-2 compressor for fast multipliers", Electronic Letters, Vol. 34, No. 4, pp. 341-343, 1998.